中国顶级交易员访谈丛书

来 自 成 功 交 易 者 的 宝 贵 经 验

交易员的自我修养 6

陈波　陈旭 著

企业管理出版社
ENTERPRISE MANAGEMENT PUBLISHING HOUSE

图书在版编目（CIP）数据

交易员的自我修养：中国顶级交易员访谈实录 . 陈波、陈旭 / 陈波，陈旭著 . 北京：企业管理出版社，2021.9

（中国顶级交易员访谈丛书）

ISBN 978-7-5164-2481-0

Ⅰ. ①交… Ⅱ . ①陈… ②陈… Ⅲ . ①金融投资－经验 Ⅳ . ① F830.59

中国版本图书馆 CIP 数据核字（2021）第 174207 号

书　　名：交易员的自我修养：中国顶级交易员访谈实录

作　　者：陈波　陈旭

责任编辑：李坚　张楠

书　　号：ISBN 978-7-5164-2481-0

出版发行：企业管理出版社

地　　址：北京市海淀区紫竹院南路17号　　　邮编：100048

网　　址：http：//www.emph.cn

电　　话：编辑部（010）68414643　发行部（010）68701816

电子信箱：jiaoyiyuanfangtan@163.com

印　　刷：三河市东方印刷有限公司

经　　销：新华书店

规　　格：147毫米 × 210毫米　32开本　6.625印张　120千字

版　　次：2021年10月第1版　2021年10月第1次印刷

定　　价：78.00元

“证券交易，天下最彻头彻尾充满魔力的游戏。但是，这个游戏愚蠢的人不能玩，懒得动脑子的人不能玩，心理不健全的人不能玩，企图一夜暴富的冒险家不能玩。这些人一旦贸然卷入，到头来终究是一贫如洗！”

——杰西·利弗莫尔

丛书出版说明

相信读过不少投资交易类图书的读者朋友，对于国外出版的《金融怪杰》系列图书一定不陌生，该系列图书通过对各投资领域的投资者进行采访，给想了解这些人的交易理念和方法的读者一个难得的渠道。

但是，该系列图书存在两个问题：一是访谈不够深入的问题。由于时间和篇幅限制，许多内容浅尝辄止，难以深入挖掘一名投资者或交易员经历中真正能给人启发的东西。二是访谈对象均为境外投资者。国内投资市场经过几十年的发展，在向西方学习的同时，越来越体现出自己个性化的特征。国外的交易经验放到国内的投资土壤中，有时会存在水土不服的情况。而国内本土交易员的成长经历和交易方法，市面上公开的较少，顶级交易员的经验，更是极少传播。

基于以上原因，北京未满文化、“老徐话期权”团队一起，共同策划了这套丛书。访谈对象遍布股票、期货、期权各领域，不以名气论英雄，而看重真材实料。其中有神秘莫测的做市商，有大型金融公司的操盘手，有业绩显赫的私募老总，有名不见经传的民间高手，有独辟蹊径的交易怪才……这些投资者或交易者中，有的健谈，有的惜句如金，所以，这套书也厚度不一。但总体来说，我们希望每一本都是浓缩“干货”的书，不堆砌、不废话。

我们致力于通过十数年时间，遍访各领域高手，汇集成投资经验的饕餮盛宴，以飨读者。读者可以在对比阅读中各取所需，提取适合自己性格和经历的宝贵经验，站在巨人的肩膀上，尽快走向稳定盈利之路。

该丛书存在两个挑战，一是物色挑选活跃在一线的优秀投资者或交易员，并说服他接受采访，和大家分享他多年金钱堆积而积攒的宝贵经验；二是在与每位访谈对象有限的几天一对一访谈时间内，尽可能挖掘出其多年经验中可资借鉴的内容。不足之处，欢迎读者和各路高手批评指正。联系邮箱：jiaoyiyuanfangtan@163.com。也欢迎关注微信公众号“你想赚什么钱”（jiaoyiyuanfangtan），第一时间获取该套丛书的最新单品及交易员访谈视频。

丛书序

徐華康①

我们谁都没有超能力。

如果你走在北京或上海的街上问路人，是否有预测未来的能力，他们必定会投以奇怪的眼光说：“你有病吧？是否应该去医院挂个号？”这个问题似乎不应该被正常地询问，因为我们没有超能力也不可能去预测不可知的未来。

在同样的时空下，你是否经常地买卖股票或其他标的资产，自信地预测价格的上涨或下跌？所有人都说无法预

① 徐华康，有着20多年交易经验的衍生品专家，微信公众号“老徐话期权”，曾出版《我当交易员的日子》《财富自由之路：ETF定投的七堂进阶课》《交易员的自我修养：中国顶级交易员访谈实录（徐华康）》等书。

测未来，言行却不一致，以为自己通过某个图形或消息就可以预测未来，达到获利的目的。

这是否很矛盾？

在投资上，我们需要在不确定的情况中寻找未来的确定性，通过种种不同的分析方法，用尽所有的努力去找可靠的讯息，只希望能让答案更清楚一点，达到稳定获利的目标。虽然没有预测未来的能力，但是有些人却能将这件事做得很好，获得巨大的成功，也有些人走了长长的弯路后取得了不错的成果。

我们希望能通过成功者的经验，缩短学习的过程，让投资交易的成功路径最短。但根据我多年的经验，某些事情偶尔发生也许会更好，毕竟有些道理是无法教的，直到吃到苦头才会真正学到。你会在书中发现，原来交易员或市场老手，大多都走过一样的路，受到相同的挫折；你可以看到，他们如何克服这些困境，才能在这漫长孤单的旅程中看到更好的风景。

我常常说，交易是一种选择，而不是运气。

在行情下跌的时候你可以选择持续持有或止损出场，

在行情上涨时，你也可以选择持有或获利了结，所有的决定权都在自己手上，但大多数人却将自己的错误选择归咎于运气。当你赚钱了，是天生英明神武的自己选择正确，亏钱的时候则是时不我与的运气不佳。我们应常常向外面的世界看看，那些过去做得比较好的交易员以及你的交易对手们都在怎么做这些事，为什么有些人总是做得比较好，面对错误的选择时，他们如何不让其变成一场灾难。

错误也是这场游戏的一部分。就如同查尔斯·艾利斯（Charles Ellis）在《投资艺术》（*Winning the Loser's Game*）一书中曾说到，在赢家的游戏中，结果取决于赢家正确的行动，在输家的游戏中，结果取决于输家所犯下的错误。而参与者众的投资市场中，你不用是巴菲特或索罗斯，也可以赚到钱，就如同你去参加一场德州扑克的牌局，就算同桌有世界冠军，你仍有可能赚到盆满钵满，只要同桌的菜鸟足够多。就如同投资本来就是一场输家的游戏，我们能够获得成功，不在于我们做得比巴菲特更好，在于我们犯了比市场上其他投资人更少的错，甚至不犯错。

专业投资人做正确的行动，而业余投资人不断犯下错误，而且他们并不知道错在哪里。当股市见顶或触底时，业余投资人最有可能犯下“非受迫性失误”，因为在每一个极度乐观或悲观的情况下，你不知道该怎么做。专业投资人会做出不一样的决定，别人不想要的，他们买进，别人渴望得到的，他们卖出，他们非常熟悉这场游戏的规则，也有自己的经验总结出的方法。你不用犯下所有的错就可以真正学到这些理念，这些正是这套丛书所要传达的。

进入市场交易绝对算得上是一种门槛最低的赚钱行为之一。投资交易访谈的书籍市面上也不算少，但绝大多数围绕国外名人或国内成名多年的基金经理及私募大佬，针对在第一线每天面对行情厮杀的中国顶尖交易员的访谈反而是少数，也许他们与你有更多的相似之处。你一定要仔细听一下这些交易员每次如何面对市场上必须的选择，因为能够吸取那些最棒的前辈已经用实践证明的洞见，绝对是到达成功交易的最短路径。

目　录

从开始的不稳定盈利，到后期能够稳定盈利，我觉得最重要的还是自己心态层面的改变。以前可能更急功近利，进去之后更多的是想马上能够赚到钱。但是我发现越是急功近利，也就是巴菲特所讲的，不能滞后满足，就想马上兑现，抱着这样的一个急功近利的心态去做股票去做交易的话，其实你的判断或者说决策逻辑层面就会产生很大的偏差。当你从长远的角度去看一件事情的时候，你的心态其实就慢慢淡定了很多，那么在问题的本质上可能也会看得更透彻。

打个比方，我们要去钓鱼的话，一定要选择一个鱼多的地方去钓，这样钓上鱼的概率也大很多。所以要想真正选到牛股的话，我们要从牛股多的地方去选择，那么这样选到牛股的概率也大很多。

仓位管理的话，我讲个最简单的例子，如果你拿的是好牌，你不敢下重注，那没意义，你赚不到大钱，投资中一定要谨慎，但是你不能过于谨慎，该打歼灭战的时候一定要打歼灭战，该打狙击战的时候打狙击战，该打溃击战的时候就打个溃击战，该打主战牌的时候就主战，该回避的时候就回避。

很多人进入到这个市场，可能更多是亏钱，甚至几年之后、十几年之后都不赚钱这样一个境地。所以从可持续发展的角度来说，首先要有一个稳定的收入，这样才能够支撑你进入到投资市场，因为投资需要本金，如果没有稳定的收入，本金都不可持续的话，那么投资是很难持续的。所以说一定要有一个稳定的可持续的收入，那么在这个基础上，我们再去用闲钱进入到这个市场，然后再不断地学习，再形成一个自有的体系。

特别说明

这本书的访谈对象是两位年轻但经验极为丰富的股票基金经理，陈波和陈旭共同管理着一家基金公司，两人在专业及特长上的互补搭配非常完美，基于这一原因，我们同时对两人进行了访谈，希望能为读者展现出专业基金经理的完整投资逻辑。由于是对两人同时进行的访谈，问题和回答之间会略有穿插，请读者朋友在阅读时注意。

第一部分

我的投资之路

从开始的不稳定盈利，到后期能够稳定盈利，我觉得最重要的还是自己心态层面的改变。以前可能更急功近利，进去之后更多的是想马上能够赚到钱。但是我发现越是急功近利，也就是巴菲特所讲的，不能滞后满足，就想马上兑现，抱着这样的一个急功近利的心态去做股票去做交易的话，其实你的判断或者说决策逻辑层面就会产生很大的偏差。当你从长远的角度去看一件事情的时候，你的心态其实就慢慢淡定了很多，那么在问题的本质上可能也会看得更透彻。

先谈谈大学时候学的什么专业?

陈波：大学的时候我学的理工科，药物化学，具体来说就是药物合成。像现在买的这些西药、中药、中成药，我们以前基本上就是学的这一块。

陈旭：我大学学的会计，注会方向，像我们四年基本上学得比较专，主要是六大课程，第一是会计，第二是财务管理，第三是公司风险与战略评估，第四是税法，第五是审计，第六是经济法。其实我这10年来在做的投资基本上都是围绕这一专业不断加深升华，我以这一专业为中心点一直在做。

陈波大学学的专业其实跟投资没有什么关系，你当初是怎么对投资这件事产生兴趣的?

陈波：虽然大学本科学的主要是理科这一块，跟现在的投资没关系，但是对于我认识企业、行业来说还是有很大的帮助。我本人对金融投资这块非常感兴趣，在大学期间经常去图书馆看投资类相关的数据，这一点也是兴趣所在。

所以在后面研究生时我就考到金融学专业，跨专业真正进入到我感兴趣的领域。虽然在本科期间没有学金融，但是我觉得理科加后面的金融学，这些学习的沉淀对我整个投资生涯来说应该是有很大的帮助。

当时在大学读书期间你就开始投资了吗?

陈波：对，我从2004年开始进入市场，刚好市场是处于2001年以来的低谷期。当时我因为身边一些亲戚朋友的关系而对这个行业有所了解，慢慢对这个行业产生了兴趣，所以就逐步地开始看相关的书籍，在读书期间自己也拿些小资金玩一玩。

我印象非常深刻的一件事，我记得是在2006年，因为对投资感兴趣，所以放暑假之后去深圳实习。当时在南山蛇口认识一位非常厉害的朋友，就进了一家投资公司，当时选择一只股票，这可能也是我人生的第一只股票，叫中国国航。当时一个暑假两个月的时间，这只股票从10块钱涨到了30块钱，短时间内涨了三倍。这个可能有一些运气的成分，当然最重要的可能是当时整个行情非常好。我们都知道2006年正处于牛市的起步期，指数从2005年的998点开始，到2006年的时候，已经开始慢慢地走牛了，行情渐入佳境。自己选的第一只股票能在两个月翻倍，当时非常兴奋，也非常喜悦，所以后面慢慢地对投资就更感兴趣了。也是这些经历让我一直对投资保持兴趣，不断地深入去研究这一块。

陈旭大学学的会计，是跟投资有关系的，那么你最初接触投资也是在大学期间吗?

陈旭：我也是大学期间，我们很多老师是注册会计师，他们基本上也在做股票。读书期间刚好也是2007年那波牛市，那个时候很多人在做股票，包括我们的导师都在做，那时候我也耳濡目染。

我的第一只股票是中国石油，印象特别深刻。应该是2007年，牛市最疯狂的时候，当时中国石油上市，它由高盛推荐，是全亚洲最赚钱的公司，在那么狂热的一个环境下，当时很多人在说准备买它。我记得当时开盘价格是48块。因为我们自己专门学财务报表，学资产估值这一块，我们老师就以这个案例说，现在这么疯狂，这个位置肯定是非常高估了。当时N个条件，包括市场环境都说这个票以后一定会到480元。我一直盯着它，我记得从48块一直跌到30多块，然后我自己抄底了，没听老师的话，我觉得这么好的公司已经从50块附近跌到

30块了，虽然它估值一直很高，但是我觉得30块钱很便宜，我就进。后面就一路往下跌。

这件事情给我脑海里留下非常重要的两个字：估值，在我接下来的投资生涯中，估值都是非常重要的，我的投资理念基本上就是围着这两个字在做，近11年基本上都在做这个事。虽然有时候做一些“出奇”的，但“守正”就是围绕估值去做，如果低估，我可以适当去买一点；如果高估，那么再好的票我基本都不会碰。

当时你是在哪里读书?

陈旭：湖南商学院，毕业之后由学校推荐去证券公司。那时候证券公司各方面，包括培训和管理都是比较正规的。我老师可能有一些渊源，就推荐我去广东证券实习。

陈波一开始参加工作是跟证券相关的吗?

陈波：一开始参加工作是进了一家私募机构，在广州的一家阳光私募。

在你开始买入自己的第一只股票，开始实战之前，有做过什么准备吗?

陈波：开始的时候可能更多的是看。因为非常感兴趣，我记得每次上完课之后，当时因为电脑还不是太普及，我就跑到网吧去看，每天就是复复盘，看看行情，看今天有没有涨有没有跌，当时更多是看为主，就觉得每天的价格都在往上走，我记得每天整板都是红的。所以自己慢慢地开始拿小资金投入一点，觉得这个赚钱太容易了。当时我们一个月的生活费可能就几百上千块钱，但是我那时候一天就可以赚好几千块钱，就感觉非常兴奋，觉得这个行业太好赚钱了。

那时候慢慢地自己研究行情，然后会看一些相关的书或者跟人交流吗?

陈波：当时更多的是看书，因为我在学校的时候身边也没有什么专家可以交流，更多是去图书馆找相关投资类图书，我就一本一本去看，然后就根据这个行情慢慢地自己尝试去投一点。虽然学的专业不一样，但是我大学四年整个兴趣爱好都在这一块。

陈旭开始自己的第一笔交易之前做过哪些准备。

陈旭：因为我本身是学财经类的，基本上我们以数据、估值还有建模为主，当时在全民炒股的情况下，我肯定也不例外。我在炒股之前做的准备，除了看书，还会根据专业知识去建立一些估值模型。

跟大家简单陈述一下，你们从毕业到现在的职业历程大概是怎样的。

陈旭：我真正的职业历程是从2010年开始，到现在有11年了。在这期间我经历了两轮的牛熊，像2012年的创业板行情，从500点涨到4000点，以及2019年年初整个指数的一波结构性牛市，还有两波熊市，市场经验还算相对比较丰富。

开始是在证券公司实习，后面是在基金公司。证券公司和基金公司的侧重点不一样，在证券公司我的第一份工作就是分析师的助理，后面做到了分析师，分析师更多的是讲估值模型和建模，而基金公司更多的是注重于整个基本面数据的研究。这两点对我有比较大的影响，我的投资生涯基本上侧重于建模估值与基本面的研究。

很多投资者会有疑问，怎么像机构一样去建模？怎么像机构一样去预测这些东西？很多投资者想去学，但是不知道从哪里学。我自己作为一个学生，作为一个普通投资者，从11年前一步步地在证券公司、基金公司，包括公募私募，我都经历过，我觉得还是有一些经验可以跟投资者做一个分享，因为大家是从同一个起跑线开始的。像基金一样建模，其实很复杂，但是我们一定要把复杂的问题简单化，我自己跟我的团队都是这样做的，那就是评分机制，把很复杂的东西变得简单化、数据化、条理化，我觉得就可以了，这也是我11年投资经验中最深刻的感悟。因为只有形成条理化，你才能去感受资本市场的深浅。尤其在A股市场，我们投资无非就两种，第一种，买几只股票的一个组合，第二种，围绕着一只股票去做。但无论是买组合还是买个股，你心里一定要有一个底，你买之前要想好到底可以为它投入多少财富和兵力，我接下来的赔率和战略是什么样。

我再具体细化一点，比如说我买一只股票，如果我是看基本面买的话，我们有一个详细的评分机制，比如说它只有80分——这只是在我们的概念上，可能每个人的评分标准不一样，但是至少心中都要有一个标准。比如说我们自己投了80分，那这种票可买可不买，如果市场环境很差，那么没必要去动；但是如果你这个仓位很轻，市场行情好，那么你可以买一点点，我们最多就是建一点点仓位。同时我们肯定建立一个止盈和止损的机制，像低分数的，止损的话标准可能更高一点，止盈的话预期也会没那么高。但是如果我们通过自己的评分机制，有一套比较好的高分数的组合或者说个股的话，那么我们会投入更多的人力物力去调研，具体的操作在后面会继续讲到。

陈波：我的职业生涯比较简单，因为一直在阳光私募这个行业。

2013年左右，国内的私募真正开始起步，应该说我见证了中国整个私募界从起步到现在慢慢成熟的一个阶段。

早在2006年大二起，基本上每年放暑假，我去深圳的实习一直在私募这块。当时还没有阳光私募，还是些地下私募，处于一个比较鱼龙混杂的阶段。私募阳光化之后，我从最基层的研究员做起，然后到投资经理，再到后面的投资总监，一直在做这一块的研究。

到了2015年之后，开始慢慢地组建自己的团队，慢慢地向阳光私募机构化这样去发展。在2016年，我们拿到了自己阳光私募的牌照，一直做投研这方面工作。

从一个研究员，到后来自己带团队，在这个角色转变的过程中，投资重心有什么变化吗?

陈波：这些转变可能也是我整个投资风格形成的过程。开始的话可能更多地局限于一些技术面的研究，当然因为是学这块的，我对公司基本面研究得也比较多，但是以前不管是选股的逻辑也好，或者是决策的逻辑也好，可能更多地是跟随资金面或者技术面去做一些交易，后来发现这样做交易有一个很大的不确定性，稳定性不够，当然有些运气好的时候能够把握到一些机会，但是长期下来发现这样去做交易很难赚到钱。

这可能是我初步的阶段，当然与整个大市场大环境也有关系，因为中国市场从2009年之后就一路走熊到2014年，当时在这个阶段去做股票或者去做交易很难达到稳定盈利的目的。后面的话就觉得自己还有很多要学习的地方，要去深入研究，要保证自己盈利的稳定性，这是我经过前几年的交易感受最大的一块。所以后期我就开始慢慢地更加系统性地去学习价值投资这块，研究整个公司的估值，深入地去思考它到底是怎么赚到钱的，赚钱的持续性怎么样，从投资的本质去思考一些问题。

前几年可能更多的是从交易层面去选一些股票或者做决策，但是到后期发现我们还是要回归到投资的本质，就是要真正地从基本面、从公司这个层面去做投资。从2014年开始深入研究公司基本面这块之后，我发现确实整个投资就变得更加从容了一些。2014年之前更多地可能是以交易风格为主，但是2014年之后——当然这个与市场环境也有关系，2014年我们市场真的是开始慢慢地偏暖了，开始慢慢地走牛了——我发现能够真正地从里面去找到一些好的公司，阶段性的收益是很高的。所以从2014年之后，我的投资风格更趋向于基本面，就是从价值研究这块去投资决策，这之后收益就相对比较稳定了，不像以前那样暴涨暴跌了。从投资的心态来说更加淡定了，从投资收益来说，我觉得一年下来投资收益也还可以，自己觉得还比较满意。

随着交易经验的增长，行情的变化，我觉得这十几年投资生涯还是有蛮大的变化的，我个人总结下来感受最深的一点就是，做股票做投资，一定要回归本质，回归本源，真正地是去做投资，而不是去做交易。这是我最大的一个感触。

陈旭是在公募私募都待过，你觉得公募私募最大的区别是什么?

陈旭：说本质一点，商业模式不一样，公募追求规模，私募追求绝对收益。因为大家知道像公募的话，它整个盈利模式是靠规模取胜，收管理费，并不是收绝对收益的差价，那么私募的话它收绝对收益的提成，这是它们最大的区别，商业模式上的区别。

第二个区别，整个投资风格的区别，他们的盈利模式决定了他们的投资风格非常不一样。公募的话更多的是求稳，最好是能够稳定收益，当然，其实我们也看得到，他们也有回撤，有时也是比较大的。私募的话更多的是追求绝对收益率，比如说在牛市中行情好，多赚一点，在熊市中有可能就是空仓或者尽量保守，因为它要保证客户的黏性。那么这也导致私募公募另外一个不同点。公募很多手法或者风格基本上很类似，私募因为追求绝对收益率，它基本上会找不同细分领域的一些机会，或者说大家看不到的一些机会，所以私募之间的风格会很不一样，这是最大的区别。

我再讲一讲我自己最大的感悟，我觉得无论是公募还是私募，还是有必要说一下这点，团队非常重要。无论是公募追求规模，还是私募追求绝对收益，你只要有一个良好的稳定的团队，我觉得其实规模和收益并不矛盾，公募私募并不矛盾，其实说白了投资就是稳定盈利，这也是无论机构投资者还是个人投资者，无论牛散还是散户，所有进入市场的人的初衷。

为什么一定要说团队？因为市场在不断变化，个人精力有限，只有通过团队才能更好地应对市场的不确定性。

为什么会把投资的主要精力放到股票上，而不是衍生品市场?

陈波：衍生品也有涉及，包括期权、期货，其实我对期货尤其是股指期货还有股指期权这块，有一定的深入研究。而且我们整个基金做对冲的时候会用到相关的衍生品，尤其是股指期货这块做相关对冲，这个肯定是涉及的，只是更多的精力没有去放在交易这一层面上，只是把它作为一个资金管理的工具，是这样一个定位。

在股票市场，和其他人相比，你的比较优势在哪里?

陈波：我把握个股机会的敏感度还是相对比较高的。之前中国的资本市场处于起步的阶段，还处于一个不是太成熟的阶段，尤其是从2005年到2015年之前处于宽幅震荡。那么在这个阶段的话，我觉得我还是有一些对市场波动的敏感度，尤其是这几次大的股灾，像2015年之后三次大的股灾，还有2018年整个系统性风险，我都很好地规避掉了。当然有一定的运气成分，但我对整个市场节奏的把握还是有一定的优势。在这块我自己感觉还是相对来说做得好一点，在把握机会和节奏上面。

再深入谈一下“把握节奏”具体指的是什么。

陈波：节奏把握上面的话，其实说实话，中国A股市场经历了二三十年的发展，这二三十年更多是处于一个从刚刚起步到慢慢成熟的阶段。成熟的一个原因就是机构的队伍越来越壮大，也就是说以前的市场更多是一个散户的市场，个人投资者占了70%以上。

在那个时候，我们的市场比较容易情绪化，情绪化就导致整个市场的波动非常大，出现暴涨暴跌，比如说像非常典型的2005年、2006年、2007年的大牛市，2008年的大熊市，再到后面的2014年、2015年的大牛市，再到后面的几次股灾，基本上都是处于市场宽幅震荡的一个阶段。

在2016年之前，真正能够从市场上赚到钱的应该只有两种人，一种人是赚了长期持有个股的钱，也就是所谓的价值投资的钱，但是真正能赚到这个钱的人很少，因为在2015年之前真正的价值投资者没赚什么钱，除了持有茅台，茅台其实在2013年之前也腰斩了，在2015年之前很多个股其实都跟大盘一样，宽幅震荡，暴涨暴跌，个股涨个三五倍然后腰斩再腰斩都很正常。这个时候有部分个股能够跑出来，真正走长牛走慢牛，那么这部分长期持有的人是赚了钱，但是持有这种个股的是凤毛麟角，我个人觉得更多是产业资本。

除此之外的话，还有一类人能赚到钱，做波段赚钱。比如说一波牛市，刚好赚了牛市上升期的钱，然后又能很好地规避下跌。

2016年以前，A股市场是大开大合的市场，更多的是择时，择时这块做得好的话，确实有人赚了大钱。能够规避2015年之后三次大的股灾跟2018年的系统性风险，也是因为我在择时这方面做得比较到位。

陈旭选择股票市场作为主战场的原因是什么?

陈旭：我觉得主要原因的话，首先还是自己这么多年的经验一直在这个行业。其实其他行业身边很多朋友也都接触过，我也看到过他们起起伏伏的落差，我甚至觉得比股票市场还要大。

拿房地产来说，看似很多人用房子赚了多少倍，投资能赚很多钱，但是至少我本人，我身边很多的人，能够看得到的，其实也并没有赚多少。有人说房子是很好的投资，我觉得整个拉长来看，其实它的整个收益率还不如股票。像我们机构成员自己的其他投资，我觉得真的拉长来看，股票市场应该还是最好的收益，但是肯定是拉长来看，短期之内可能其他的收益更大。所以我是因为这样的原因，把股票市场当成一个主要的战场。

股票市场长期来看是一个稳定收益的市场？

陈旭：对，我觉得长期看绝对是最好的投资。

在股票市场里，你觉得你的比较优势在哪里？

陈旭：我的比较优势，我觉得应该是团队，这个应该是跟我的经历有关。以前最开始的时候就是小白，基本上整个班级都跟小白一样，全班炒股，整体来看的话，大家有一个共同的兴趣爱好，我们大学生涯中基本上都是讨论股票，讨论上市公司的一些财报，包括上市公司的涨与跌，这是一个共同的兴趣爱好。

再回到我的职业经验，开始是当分析师助理，我们每个营业部主要投资顾问组成一个团队，每天都在探讨，每天都在收集一些资料。后来我自己又离开券商去了私募，以团队的名义参加过一些财经类比赛，当时也是拿了不错的成绩，基本上每个月都进了前三。

在这个过程中我最大的感受就是，其实做投资更多的是一个团队作战。可能有的人会说投资需要独立思考，这个话在我看来其实和团队作战并没有矛盾，为什么这样说？独立思考是思考什么？自己最擅长的领域。那么和团队作战为什么不矛盾，而更多的是一个好的补充？就是说每个人都有自己的特长，只要把这些特长融合起来，我觉得就是一个很好的团队了。

我再具体地讲一下，以前我们在比赛中以“大海日出”这个团队作战，形成一个组合，大家对股票进行评分，有一个人专门分析数据，有一个性格果断的负责操作，研究比较深入的去研究公司的基本面，包括技术面。我觉得这样的话才能克服在投资中人性的弱点。

近期流行的一个词叫作什么？抱团取暖。其实说白了也是机构的团队作战。所以无论是个人投资者还是机构投资者，我这么多年的一个感悟，包括我自己的一个风格，我觉得团队作战最为重要，就是发挥各自的优势，形成一股合力，在这个市场中不断地提升前行。只做一个短期生意，我觉得那并没意义，很多人想在市场上投机一把，但我见过这么多，真正赚大钱的没多少。刚才我说了，为什么我一直选择资本市场，选择A股市场作为一个主战场，因为我觉得长期来看它是一个最好的生意，但是怎么能够做到长期，只有有良好的团队，才能有更多的信心，才能有更多的策略。首先要在市场上活下去，只有能活下去，才可能获得最大的收益，活不下去那就是另外一方面。个人投资者在里面做的话其实很容易翻车翻船。

在团队中你个人发挥着怎样的作用？

陈旭：我个人发挥的就是两点。第一个，评分，具体的一个数据算法。我自己除了股票，业余爱好是打桥牌，我估计有很多投资者都会打牌，做投资和打牌其实都一样，你拿了一手什么样的牌，你就愿意为这手牌付出多少资金。比如说我有一手臭牌，那么自己肯定尽量不亏钱，或者少亏，但是如果你拿到了好牌，你更多的要去做。我最大的一个风格是，我可以带领团队去为我们的投资标的，或者说为我们这一篮子的股票，再进行一个详细的评分，看它到底是一手好牌、一般的牌还是臭牌。如果是好牌我们就正经干；如果是一般的牌我们就观望；如果是很差的话，我们肯定就避之。这套详细的指标我们之后再谈。

第二点，基本面的研究，价值的研究。

市场上大家对分析师有过各种调侃，说分析师从说到做之间的距离有很远。从分析师入行到后来开始自己做，你觉得分析师的经历对你来说它的优势和劣势在哪里?

陈旭：分析师经历的优势在于更看重具体的数据，因为大家都知道数据是不会骗人的，通过详细的数据把它量化，可以给我们一个衡量的标准。分析师的数据更多来自于券商的总部，或者基金公司自己的行业数据，这个数据相对来说比较靠谱，我觉得这是最大的优势。

那么分析师最大的劣势，其实我们大家都看得到，现在的证券从业者是不被允许炒股票的，所以分析师的交易经验其实并不丰富，这就造成了脱节，所以有的人调侃说分析师做得还不如自己好。而私募不是这样子，私募的分析师会交易，虽然不能炒自己的，但它是集合很多客户的一揽子的私募基金，分析师就是要去做交易的。

在公募里面分析师和交易员是严格分开的?

陈旭：对。交易员是采取分析师的数据，这也是我的另外一个投资优势，又做过理论上的，又做过交易，我吸取了这么多经验教训，又形成了一个团队，就是要有不同的风格。但是不同的风格不是你做我的风格，不是这样子，是大家拧成一股绳能够去做近3～5年内市场最认可的风格。

从涉足交易到开始稳定盈利，大概经历了多长时间？

陈波：这个时间也蛮长的。2004年开始接触股票，中途经历大牛市其实也赚了钱，但是因为不稳定，像在2009年的大熊市也亏了不少，这样反反复复。到真正的盈利的话，是到2014年之后，应该说也经历了八九年时间。

用了小十年的时间从不稳定到稳定盈利，这已经很难得了。你觉得在投资这件事上，你主要做对了哪些事？

陈波：我觉得我还是比较习惯于思考，我会去思考、去反思自己的交易，总结这些经验，当然不单局限于股票市场，从生活中还有学习过程中我也能够得到一些感悟。

从开始的不稳定盈利，到后期能够稳定盈利，我觉得最重要的还是自己心态层面的改变。以前可能更急功近利，进去之后更多的是想马上能够赚到钱。但是我发现越是急功近利，也就是巴菲特所讲的，不能滞后满足，就想马上兑现，抱着这样的一个急功近利的心态去做股票去做交易的话，其实你的判断或者说决策逻辑层面就会产生很大的偏差。当你从长远的角度去看一件事情的时候，你的心态其实就慢慢淡定了很多，那么在问题的本质上可能也会看得更透彻。所以我觉得实现跨越更多是心态层面的一个改变，这是我能够从开始的不稳定盈利到后期能够稳定盈利的一个最重要的原因。

根据你刚才的介绍，2014年大概是你交易风格转变的时间点，从技术转向价值之后你开始稳定盈利，能不能再详细谈谈，为何转变风格就实现了稳定盈利?

陈波：其实我个人觉得投资这个事，它并不是说你越努力越勤奋，你的收益就越高。虽然说天道酬勤，但股道至简。回到交易投资上面，其实方向比努力更重要，你选择了沿哪个方向去走，最终的结果可能就偏向于哪里。比如说做短线交易、高频交易，或者高抛低吸、追涨杀跌的交易，那么始终可能像一个交易民工一样在不停地反复地做交易，在盈与亏之间反复。那么等你真正从市场价值角度去考虑的话，其实你就已经开始慢慢地走向了投资的本质，往这个方向去走的话，我相信拉长时间去看收益是比较稳定，而且是比较能够持续的，你最终选择的方向决定了这种结果。

所以我最大的感悟就是投资这个市场一定是选择比努力更重要。很多人在开始做投资的时候，可能更多是偏向于交易型的，偏向于短线型的。很难说一进到市场，就抱着5年、10年的这种心态去做投资，我相信这种人应该很少，大多都是抱着急功近利，能够赚一笔这种心态去做交易。当你从这种心态慢慢转变到真正以投资的心态去做这件事情，去面对我们市场的时候，其实你就选择了这个方向，就选择了另一条路，价值这条路。说实话，企业本身的成长也是价值的体现，所以按照这个方向去走的话，我相信最终一定是一条正道。

2014年之后还会择时吗?

陈波：我2014年之后开始稳定盈利，在2014年之前更多偏向于交易，交易频率很高，现在我一年的交易频率基本上已经很低了。但在2015年之后还会去做一些择时，是因为在当时整个市场还是一个比较情绪化的市场，所以这个时候你没有太多的选择，只能靠迎合市场接受市场去做一些波段性的交易，来满足收益的最大化。在2015年市场大开大合的过程中，择时这方面我运用到了整个交易过程中。

到2018年之后，由于市场环境变化，我觉得这种择时的必要性就越来越低了。因为随着2018年外资的介入，机构的壮大，价值投资气氛的盛行，整个市场慢慢已经成熟了，所以我觉得择时在未来的必要性是越来越低。未来可能更多的是能够不择时尽量不要去择时，我相信未来只要选对方向，收益应该比你经常去做择时的收益高很多。当然前提是你要选对方向，选对好的个股。

陈旭从进入市场到开始基本稳定盈利大概用了多少年？

陈旭：稳定盈利应该是在2016年之后，应该用了5～6年时间。

那时候你的风格开始稳定下来了吗？

陈旭：风格开始稳定下来了，主要是正确认识了自己，正确认识了团队。其实每个人，包括很多人组成的团队，他的风格肯定不一样，有的人喜欢去做短线，也有做得很好的，有的像机构高毅他们做中线，或者有人做中长线也做得很好，像巴菲特，他们这种超长线的也做得很好。但是更多人，无论是做中短长，很多人都是亏的，更多是这样。

其实我的盈利模式稳定之前也是这样子，现在我觉得最大的一个感受就是要正确地认识自己，认识自己的优势在哪里，什么样的情况下我们可以去做，什么样的情况下，我们尽量少做或者不要去做。

我经常会听很多朋友说，你看行情不好我还是赚钱了的，或者行情好我赚了多少钱，其实在我们看来并没有多大的意义，因为要拿来乘一个周期。我之前说过权益类的资产，尤其像股票类资产，从长期来看它是有最大收益率的。大家可以看一下，我们证券市场20年，如果你抱着茅台，或者五粮液，只要抱着这种优质资产，你的收益肯定是成百倍的增长。市场上这两个极端，看似亏了多少钱或者赚了多少钱，其实我觉得都没多大意义，更多的还是要正确认识自己，正确认识团队，看清什么样的时段能够让我们赚到机会，如果陷入迷茫，哪怕最好的机会我们都没办法。

找到自己和团队的优势与市场之间的一个契合点?

陈旭：对，与市场的契合点，抓住适合我们风格的机会。

像你说的很重要的一点是认清自己，更具体一点你觉得“认清自己”是在哪方面?

陈旭：我之前也给大家讲过，我们自己的团队有一个具体的量化数据模型，一个建仓模型，如果市场有个风格，或者说有个标的，跟我们这个模型很像，我们就可以为了它去调研，付出资金，或者是花重要的精力去研究它，无论是产生收益或者损失我们都去做，当然它要属于我们的风格，跟我们模型要有一个契合度。如果说契合度在80%以下，我们可能就不会去碰了。虽然说契合度不一定有100%，但是根据我们的经验，如果很高，基本上我们心里还是更有数的。

跟我们谈谈这么多年的投资，你经历过的最难熬的日子。

陈波：最难熬的日子应该是2011年到2014年这个阶段，我真正进入自己的职业生涯，进入阳光私募机构之后，真正以基金经理身份去做交易的时候，而且这段时间实际上没有形成稳定的交易体系，所以说是我最难熬的阶段。

当然比较幸运的是，那个时候是处于刚刚起步的一个阶段，起步就经历了难熬的日子我觉得真的算是幸运。当然那个时候市场整个环境确实非常恶劣，从2011年到2014年基本上都处于一个震荡下跌的熊市阶段，我也非常幸运能够在刚刚进入到市场时接受这样一个洗礼，这是对我人生后期不断沉淀非常有帮助的阶段。

那几年市场处于整体没有大的行情的阶段。

陈波：对，那几年市场基本是震荡下跌。

那个时候已经作为经理人开始管理基金了，但是你的交易体系还没有完善，那个时候你采用的是一个怎样的交易体系？

陈波：因为刚进入阳光私募基金，所以当时管理的规模很小，公司规定处于起步阶段只有很小的一个权限。当时更多的可能就是以一些资金面，或者说一些题材，以这种交易风格为主，比如说市场热点，就是以资金关注度比较高的这些行业去做交易，以这些为依据的比较多。

那段时间难熬，是因为盈利不稳定？

陈波：对，因为做题材也好，追逐资金面也好，它都会面临一个追涨杀跌的处境，所以当时的盈利是非常不稳定的。再加上当时大环境非常差，盈利的难度很大。

这段难熬的时间应该说也处于你交易体系的转型阶段，这个阶段你是怎么成功渡过去的？

陈波：其实对我帮助比较大的是我不断去总结。我的交易，我对市场的一些判断，我都以文字的形式把它写下来，当时可能每天都会写交易记录，每日的交易总结，把曾经一些交易的整个过程、心路历程、思考历程都记录下来。

当然我在这个过程中也不断学习了很多国内国际比

较知名投资人的著作，这个对我也有很大的启发。所以是有两个过程，一个是自我总结，一个是不断学习。

陈旭跟我们谈谈你这么多年的投资路上最难熬的日子？

陈旭： 最难熬的日子，我觉得应该是在2011年，经过2009年那一波小牛市，或者说反弹，又过了三年之后，整个市场风格是非常不明显的。不管做价值还是做趋势，还是做其他的，市场是很乱的，为什么？因为当时市场也在转型，那时基本上是一个朦胧期。当时我自己的风格没有形成，市场的风格也不明显，所以特别难熬。

那么难熬的时刻你是怎么走过去的?

陈旭：学习。我是2009年进入这个市场，到2011年也进入了两年时间，算上自己的学生时代可能时间更长。那段时间的话，既然自己的风格没有完全形成，特色没有完全形成，而且市场的风格也没有形成，我就不断地去打磨自己的模式。

学习有几种方式，第一种就是不断地去反思自己，因为之前每天也会做一些投资笔记，就看自己过去的一些投资笔记，包括好的，包括不好的，这是一种学习，反思自己。第二种学习，像行业的无论是公募私募，还是这些券商的大佬，不断地去跟他们交流跟他们学习，毕竟自己各个行业都经历过。那么第三个学习的话就是看书，有基本面的，有技术面的等等，我觉得都需要去看，看完之后确定到底哪种适合自己。形成自己的风格才是最重要的。

从2011年到现在接近10年过去了，如果说将来再出现像2011年到2014年那样的行情，你觉得还会难熬吗？

陈旭：我觉得目前这个位置就很像2011年的行情。为什么？无论是政策面、资金面，还有整个市场，都跟当时极为相似。我觉得现在市场又是个朦胧期了，说白了市场很乱。但是我现在很淡定，一点都不难熬，我觉得现在最重要的是，风格不明显的时候，一定要等机会。

我之前说了我们团队和我自己的一个特色是“守正出奇”，如果市场跟自己的投资模板不符合，坚决等待。所以我现在一点都不难熬，我内心很淡定，没风格很难找到市场方向，那就等待机会，我觉得马上风格就出来了。

在陈波的投资之路上有没有对你影响特别大的人?

陈波:有。那是市场上一个资深的前辈,他应该也是最早的一批股民,从1990年开始就在这个市场上。这位前辈对我整个投资思路、投资风格的形成起到了很大的引导作用。我也非常感谢他能够在我投资中最难熬的阶段,也是最重要的关键阶段,给了我人生的指引。

主要是哪方面的影响?

陈波:主要是在选股这层面,对我影响很大。他不完全做价值投资,更像是以价值为基础的成长风格。

这个价值就是以公司本身的价值分析、基本面分析为基础;偏向于成长风格就是在这个阶段性高成长、高景气度的行业里面去把握投资机会。

接近于费雪[①]说的成长股?

陈波：没错，跟费雪的成长模式是同一个风格。

这种收获有融合到你现在的日常交易中吗?

陈波：融入其中，我觉得这是我在选股层面进化的一个重要基础，我在选股机会把握这块敏锐度还是很高的。

其实说实话能够真正在市场上存活下来的，能够做得相对比较好的，一定是具备两个能力，一个是选股能力，第二个是择时能力，在2016年之前择时能力其实是相当重要的。具备选股能力但是不具备择时能力在2016年之前也是走得很艰辛的。

---

① 菲利普·费雪（Philip A. Fisher，1907～2004），1907年生于旧金山，现代投资理论的开路先锋之一，成长股投资策略之父，教父级的投资大师，华尔街极受尊重和推崇的投资家之一。其投资观点包括“投资目标应该是一家成长公司，公司应当有按部就班的计划使盈利长期大幅成长，且内在特质很难让新加入者分享其高成长”等。

只有在2016年价值风格盛行之后，择时的必要性慢慢降低下来之后，在收益层面、在机会把握层面，他会慢慢地胜出来，只有在这几年才做到这一点，在2016年之前不具备这两个能力的话其实都做得很艰辛。

从择时必不可少，到择时的作用相对来说比较淡化，而选股更加重要，目前这个阶段是一个阶段性的，还是说以后会成为常态?

陈波：我觉得它应该会成为常态。而且随着中国资本市场越来越成熟，择时的必要性越来越低了。

长期来看这个市场会越来越稳定?

陈波：没错，长期来看，随着机构队伍的不断壮大，中国资本市场的波动率会越来越低。像以前大开大合的这种情况以后肯定也会有，像美国一样的，美国从

20世纪80年代之后走长牛到现在，虽然整体来看它是一个长牛的趋势，但是它每隔4年都会出现一次大熊，也就是说它的回撤度会超过20%以上，其实对于美国来说，回撤超过20%就是一个大熊市。那么在中国市场，未来也一定会有大开大合的时候，但它不会是常态，可能经历了几年之后，三五年之后，这个时间的间隔可能会越来越大，就是以这种形式去演变。

陈旭，在交易之路上，有没有对你影响很大的人？

陈旭：这个肯定是有的，我觉得影响最大的应该是我师傅。其实我的体系是在不断认知，不断修复，不断完善的过程中。之前讲过我本身也是半个科班出身，虽然学的不是投资学，但学的是会计学，会计学有这种模型，所以说是半个。

后面真正进入这个市场，肯定也会用到技术面这些东西，当时我运用技术面做股票一度还比较成功。但是回过头来看，为什么说我师傅对我影响特别大，因为他的风格就是融合了价值与技术。

我经常听到很多人争吵，我就是做技术的，我就是做基本面的，我就是做价值投资的，其实不矛盾。在我看来，基本面选股，仓位管理，整个就是我们模板里面的一个体系。我们为什么讲模板，其实模板研究的就是迎合了基本面。我师傅他恰恰就是这种风格，他的风格叫做价值交易者。什么叫价值交易者？首先选择这个票，或者说选择标的，或者说选择上市公司，他不会轻易去买，在买之前，他至少要经过一到两个月时间的调研，包括上市公司调研，包括自己不断地去找资料找数据，我觉得这跟我之前的经历也是吻合的，但是这是第一个。第二个的话，他会仓位管理，他买一只票，不会说全部进去，他会慢慢地布局自己的仓位，会比较淡定，说白了就是一个价值交易者。这对我启发是挺大的，而且他这种方式确实是成功了。

从2007年大学时候到现在，我认识我师傅应该有十三四年了，他这个模式不一定每年都赚钱，但至少经过这十几年的考验，A股市场经历过很多变化，他的资金曲线一直以来是正增长的，而且是非常快的。所以我觉得这个模式经过市场验证，对我的投资生涯很有启发，刚好也能够解决我之前的疑惑，到底是做技术还是做价值，做基本面还是做价值，其实并不矛盾，更多的是怎么把它们三个用一个评分体系，用一个估值模型，融为一体，形成我们的一个打分机制，就是这样子的。我师傅不做私募，是一个牛散，我现在这些交易体系主要受他的影响。

跟我们谈谈你最难忘的一次投资经历，可能是很成功的经历，也可能是很痛苦的经历。

陈波：我先说一下比较痛苦的，应该是在2012年2013年这个阶段，作为交易员刚进入到市场的时候，当时因为有一个固化的思维。我觉得这种固化思维很多投资人都会有，但知道了什么是固化思维，你就能避开很多陷阱。

在这里我跟大家分享一下，我以前亲身经历过的固化思维在交易上的体现。在2012年之前大家都知道，包括2005、2006年我自己刚入市的时候经历的大牛市，那是什么时代？那是一个“煤飞色舞”的时代，当时中国经济高速发展，各行各业高速发展，资源这块正处于一个高速发展的阶段，包括当时的煤炭、有色、国际大宗商品，还有地产，都非常兴旺，当时大牛市走得最好的应该就是这些板块。2009年第二次小牛市，走得最好的也是这些板块，2009年这些国际大宗商品还创历史新高了，包括国内很多资源领域的这些板块都创历史新高了，而且很多都是几倍十倍的涨幅。

但这种固化思维形成了之后，就使我在2012年的时候犯了一个非常致命的错误。2012年之后市场给了一个小机会，我因为这种固化思维觉得基于历史的疯狂，资源板块可能又是表现最好的。恰恰相反，当时资源板块从2011年之后进入到历史高峰，开始产能过剩，中国经济开始转型，资源板块其实是跌得很惨的。

对于历史上曾经表现非常好的板块或领域，觉得在接下来可能也会表现得很好，其实这种固化思维是非常错误的。很多人去看K线的时候，会发现很多历史上涨幅非常大的股票，自己感觉比较喜欢，就认为以后它可能还会走这种大的机会，其实这是比较错误的，也是一个固化思维的体现，人都会有思维惯性。所以说我在2012年犯了一个比较大的错误，当时在煤炭上面下了重注，后面损失惨重。

再给我们讲讲你感觉不错的成功经历。

陈波：这样的经历是在2015年之后。2015年之后市场处于大开大合变化非常剧烈的阶段，当时三次股灾，几次大的阶段性的反抽，那么在这样一个大开大合的市场，应该说我比较幸运的是，不但没有受到损失，这个阶段反而是我人生财富增长最快的阶段，是我投资上面比较得意的一个阶段。

分析具体原因所在的话，运气原因也有，自己对择时这方面的敏感度也有，规避了几次大的风险，三次股灾基本上都规避了，而且在几次大的反弹的行情过程中，基本上是重点参与了。规避了风险，同时在反弹阶段也重仓把握了机会。那个阶段我的净值是逆势创新高的，这个应该是当时投资自我感觉良好的阶段。

既能规避短期的重要风险，又能及时把握一些快速的反弹，这两个应该说任何一个都很难，你当时是基于什么来判断的?

陈波：我个人对于择时的敏感度还是比较好的，主要原因就在于我知道中国资本市场是一个非常情绪化的市场，很多时候它以时间形式震荡、以空间形式的暴跌，其实在历史上很少见，股灾级别的行情更少见。因为我比较喜欢分析这些历史数据，那么从历史走势来看的话，这种暴跌之后的行情，它往往会有快速的或者是说暴力的反抽，这是一个数据的统计结果，所以我知道市场2015年股灾的暴跌之后，情绪性宣泄到极致就像钟摆一样，从左边摆到最右边的时候，它一定会有个情绪恢复的过程，那么也就是机会出现的过程。所以我根据对整个市场多年走势的数据上面的统计，就知道市场暴跌之后它一定会有报复性的反弹。所以在市场哀鸿遍野，到处都是悲观情绪到极致的时候，我是敢于下重手去参与的。

当然一方面是基于情绪的变化，最重要的是基于政策面的变化。当时我们也知道国家在股灾之后是积极救市的，不单是政策方面出台文件救市，最重要的是真金白银救市，这个是国家意志行为。我看到了这方面一些有形的手在进入这个市场，所以说我就敢于在这个阶段去做它去抄底，去把握接下来情绪修复阶段带来的机会。

国家队这些大资金的进场不一定代表了低点，但至少可以有一定的参考价值。

陈波：对。我们都知道市场会有三个“底”，第一个底是政策底，第二个是估值底，最后还有一个市场底。当真正的政策出台，政策底出来之后，离真正的市场底可能也就不远了，这个阶段其实也是我们可以慢慢进入的一个阶段。

陈旭，你最难忘的投资经历是怎样的？

陈旭：首先说失落的吧，可以说历历在目。我这个模型整体来说还算比较成功，但是在一只股票上我失误了，就是中潜股份（300526），它在去年（2020年）被评为一个老妖股，一度暴涨了接近20倍，但是我在这个票上栽了大跟头。

当时它是一只次新股，应该是在2017年上市的，整个估值只有几十个亿，是相对便宜的，而且它的唯一性很强，它是中国唯一一家最全的做潜水服的上市公司，类似于奢侈品，是高毛利高净利的，虽然说群体不会特别多，但是它绝对是一家奢侈品公司，也是很好的一家公司。它刚刚上市市值不是很大，当时的业绩也不算太差，所以这个票我是在一个位置买进去了。

买进去之后，当时它应该是涨了五六天，然后突然就停牌，为什么停牌？它2017年的时候搞并购重组，因为它就是做潜水服的，它要对这个行业继续深攻。当时可能是机构在做，也可能是各方面，我清清楚楚记得是停牌了三个月。因为大家知道2017年是市场的变化之年，时任证监会主席公开痛批炒作并购重组行为，称这些炒作者为“妖精”“害人精”，坚决打击这种次新，打击这种并购重组。这只票在三个月之后，不仅重组成功了，而且在这期间发布了10送20的高送转方案，可能是有主力资金在做，但我是不了解内幕的。

按照我的估值模型，刚好我对它的评分相对偏高，就进去了。也可能机构都是这个模型，刚好你也是这个模型，我也是这个模型，大家刚好都符合，可能切入点比较一致。进去了之后，大家可以翻看下当时的走势。

也就是说你是在2016年底进入的？

陈旭：对。

然后2017年5月份复牌，但是一直跌停？

陈旭：连续三个跌停板，三个才打开，我太有印象了。像这种它主力肯定深度介入，因为只有这种好的估值模式，主力才敢进。为什么？你看它这中间又重组又高送转，如果按照当时的市场环境，不是说严厉打击高送转，或者说严厉打击重组，如果它没有这种重组，没有这种高送转的话，按照当时这种市场氛围，它至少要跌7个跌停板。

就三个月期间，类似于这种次新股至少是跌了60%，市场当时就是这么凶险的。但是它因为有高送转、有重组在撑着，只跌了三个跌停板就打开了。按照止损原则，虽然分数偏高，但你毕竟也跌了30%，你必须要跑的。所以说三个跌停板打开，我就出来大部分。后面我还有大约四成仓位，大约是第5个板，基本上我就出去了。

这一票对我来说印象非常深刻，我相信机构一直在里面，它可能做的时间更长一点，后面一年多时间这只票从低点到高位涨了接近20倍。本来这些机构是要做上去的，因为根据我们的估值模型和机构的估值模型它很符合。

你当时进场尤其是重仓参与的原因，除了你认为它题材的唯一性，还有没有别的原因？

陈旭：很多原因。根据我们的打分机制，从行业，从公司的基本面，从它的估值，三种因素来考虑，我们基本面的评分估值是这样子的，这样下来我觉得它应该可以打90来分。

这一次其实是黑天鹅?

陈旭：对，没办法，因为当时市场环境就是这样。

现在来看你并没有做错太多?

陈旭：但我印象太深刻了，其实除了这只票，我做错的经验并不多，因为我的评分机制一直在那里，评分机制错了会不断修正，但是这只票的话让我不断反思，这里也是给各位投资者包括我自己一个建议，估值模型要不断去完善，因为市场最大的不变就是变化。而且要严格止损，这个票我在第三个跌停板是可以跑路的，很多资金也在跑了，我应该全部出来，但我对这个票可能抱有一丝侥幸，就没有全部出，如果全部出的话就跌30%，其实如果按照其他方法我照样可以回来了，这就是最大的一个失误，我当时买了五六成仓位，那么跌30%我亏了接近20个点，这个票应该是亏了我整个仓位的二三十个点。

可能有的人会觉得我是价值投资者，2017年到2019年见底我拿得住，那个位置拿得住你至少涨了六七倍。但是这个过程是很煎熬的。因为我们严格地进行仓位管理，有打分机制，你的容忍度可能也就是30%左右。如果到后面是跌了百分之六七十之后再涨几十倍，我觉得并没有多大意义了。这就是我一次最难忘的惨痛经历。

这次教训应该对你打击挺大的，事实上你的做法上并没有太大问题。那么这次经历给你带来的最大的教训是什么？

陈旭：我觉得还是要严格执行我们自己的交易体

系，一定要坚信自己的交易体系，不完善可以去修正，但是你既然已经在严格按照这个执行了，你买入按照这个执行了，你卖出也一定要按照这个体系执行，坚决执行，坚决再坚决。

当时这件事后你修正你的估值模型或者投资模型了吗?

陈旭：其实说实在的，应该是促使了我对于自己仓位管理的进一步完善。其实估值模型是不断在根据市场来修正的，但是不会天天变化，它只是每天的一个小小的修正，更多的应该是完善而不是修复。这次经历更多的是对我仓位管理这一块的教训。

你事后复盘认为原来60%的仓位是重了?

陈旭：对，是重了。

基于什么原因你觉得重了?

陈旭：当时我认为它是一个高分数的票，所以觉得有个五六成仓位应该是可以的。但是我以后买股票更多的是会分板块，大约有3～4个板块，板块里面有1～3只个股，比如说如果你觉得它分数很高，这个板块能投，你可能这个板块的仓位全部就进它了，就进一只个股。打100分的票肯定可以做，但是3～4个板块，100分的票顶多也就是30%的仓位，哪怕你一个板块里面就进一只票，最多只是30%的仓。

其实稳定盈利也是这样子，不然的话容易大起大落。中潜股份我现在也反思，其实我们当时的评分机制没大的问题，是遇到了黑天鹅，但是为什么损失那么惨重？第一个教训就是要分仓管理，这是第一个。第二个的话，坚决按照体系止盈止损。

也就是说，假设现在历史重来一次，你不知道后面会有黑天鹅，再重新进入的话，你的仓位可能最多30%?

陈旭：如果是100分的标的，30%。以后要分板块买，大约是3～4个板块，看市场的环境，或者说资金量。

假设重来一次，会在第一次开板的时候全出?

陈旭：要看你的估值模型。我打比方，如果它第一个板打开了跌10%，按照你的估值模型跌10%要严格止损，那你可能第一个板就要出，全部要出。你买入之前会进行评估，比如说它的分数是多少，我就给它10%或者15%的一个止损，甚至20%，那么如果你对它的估值模型是20%的话，我第一个板肯定不会出。

再跟我们谈谈你得意的那次经历。

陈旭：另一个案例是片仔癀，这只票是一个长线的投资标的，真的是让我收获很多，无论是从利润的增长，自己心态的稳定，还是自己的风格和模型的完善，对我来说都是非常饱满的正能量。

为什么这样说？片仔癀的基本面其实大家应该非常了解，它最核心的就是唯一性很强，是全中国唯一一家制造片仔癀颗粒的，片仔癀颗粒类似于传统秘方，经过几百年来的验证，不断得到市场和消费的认可，这是第一个。第二个的话，它的业绩是不断增长的，因为它的产品一直在提价。我记得2012～2013年那时候大约100来块钱一颗，现在已经卖到七八百，产品提价接近七八倍。市场不断地认可，所以毛利率能够提高那么多，现在市场的需求依旧是非常旺盛的。我们的估值模型叫做"守正估值模型"，这种标的是一个分值非常高的票，那么这种高分值的票我们就一直跟随它的成长。

这是我印象深刻的两段经历，一个是对我打击很大的，另一个无论是对自己的投资体系，还是自己的利润增长，还是心态的完善，都有很大帮助。

当时也是重点参与了?

陈旭：当时也是重点参与了，买了几成仓位，后面因为不断的变化，中间也会有一些加减仓，仓位虽然有变化，但是一直拿到现在。

你们认为，什么是投资中重要的事?

陈旭：我觉得更多的就是正确地认识自己。要不断地去学，不断地学技术面，不断地学基本面，不断地学价值等等各方面。那么等自己盈利稳定之后，我觉得更多的是找到适合自己的风格，或者说正确认识自己的性格能做什么样的投资，能做什么样的交易，或者说什么样的交易能够用自己的投资理念，在自己的能力范围和认知范围内稳定下来，我觉得这是最重要的。

陈波：投资中最重要的事，其实我还是比较认可巴菲特所说的，保住本金。投资中最重要的三件事，第一件事是保住本金，第二件事是保住本金，第三件事是做到第一点跟第二点。对于投资者来说，更多的就是保住本金少亏损，我觉得这个是最重要的。

如何才能做到“保住本金”？

陈波：其实要做到这一点也并不是那么容易的。如果没有在市场上真正形成稳定的交易体系，我觉得是很难做到这一点的。

包括市场上现在已经做得比较大规模的基金，他们其实也很难做到这一点，一来阶段性的暴跌或者是阶段性的波动比较大的时候，其实他们回撤的幅度也挺大的，像2018年的时候，很多机构的平均回撤都去到20个点。机构这样子更不用说个人投资者。

所以要真正做到保住本金稳定盈利的话，应该来说会是一个非常漫长的过程。我个人觉得要真正做到这一点，首先要有一个正确的投资方向，也就是我刚才所讲的，选择远远比努力更重要，不是说你努力了就能做得到，首先这个方向要对，方向对了，那么就事半功倍。在方向对的基础上，保持正确的价值观，保持稳定的心态，我相信很多投资者能够慢慢走出适合自己的稳定的盈利体系出来。

金融市场可以说是一个诱惑很多的市场，你们是怎么样面对这些诱惑的？

陈波：再差的市场都有涨停的时候，所以说这个市场应该永远不缺机会，我个人觉得更多的是缺耐心。面对这些众多的机会，当自己手里的个股没有涨或者表现不好的时候，我以前可能会急功近利，在心态层面会很急躁，但是我刚才也讲到了，我投资策略最大的转变就是在心态层面的转变。

当一个投资者真正经历了从心态急躁到心态淡定的转变，明白再不好的时候都会有涨停，只要心态好了，那么落实到投资层面，其实你会觉得很多事都不会对你有太多的冲击。

当然诱惑是有，如果你不能抵挡这种诱惑，其实说明你的心态还不够成熟，还比较浮躁。说白了，我们去看一个投资者是不是比较成熟，其实从他的心态就能够看得出来，很多刚刚入市的投资者，他们最大的表现其实就是在心态层面，会很急，很浮躁，我进来我就一定要盈利，或者是哪怕我不盈利我也要走，我割肉了，我要再次去把握机会。所以说成熟投资者和不成熟投资者，心态层面是差别很大的。

陈旭：还是刚才说的，正确地认识自己，不是自己的风格，不属于自己的估值模型，那就不去参与。我的估值模型有两套，一个是“守正”，一个是“出奇”。“守正”更多的是基本面的研究，就是类似于片仔癀的操作；“出奇”就像我的教训中潜股份。我是这样两种风格，如果是跟我的风格非常吻合的话，我会去做，如果跟我的模型不符合，我就不会去碰。

你能相对较好地执行“不符合自己模型的机会就不去参与”吗?

陈旭：说实在的，到现在为止我基本上是可以执行的，因为经历过那么多的成功或失败，像刚才我说的那两个标的，一正一反，这两个是冲击力最大的，其实中间还有很多的冲击。所以我觉得我就渐渐落成守正和出奇两种模型，并把这两种模型不断完善。

但你说100%做到执行那是不可能的，因为都是有人性在，我们作为人会对很多东西好奇，很多东西都要自己去碰一碰，去摸一摸。但是每天我都会提醒自己，有的东西能碰，有的东西不能碰。我打个比方，比如说一个带电的开关，你特别喜欢它，如果它的电量不大，你可能多碰几次不怕，但是如果它的伤害更大了，你真的认识到它的伤害，我觉得碰一次应该就不会再碰到了。其实做投资的本质也是一样的，如果你真的认识到这个东西对你的好处，或者能够带来的好的方面，你肯定会不断地去加强它。但是如果它像触电那样给你教训，你知道这是反面的、是真的碰不得的东西，你内心受到非常深刻的教训的话，你可能慢慢地会去规避它。我觉得心中一定要有正确的认识，有自己的标杆和尺寸，一个认知度。

我们都知道这个行业压力很大，像来自客户的压力，同事和公司内部的压力，自己本身的压力，这些压力你们是怎么处理的?

陈旭：其实如果按照我的投资模型来操作的话，我本身并没有太多的压力，更多的压力应该是客户的压力。比如说行情相对比较好，或者说题材、概念炒得比较多，客户不了解，他更多的就是看我经营的业绩涨不涨，一些比较重要的客户会不断地催促，问我的基金怎么样，其实这才是我们的压力所在。这也是我觉得作为一个机构，无论是公募机构还是私募机构，共同面对的压力，客户的压力真的相当大。

那么我们怎么去面对压力？为什么我说需要团队，因为团队有专门的投资逻辑，能够把我们的投资理念跟客户进行很好的沟通。其实要从长期来看，如果严格执行我们制定的估值模型，有这样一个标杆的话，其实问题并不大，肯定是稳定盈利的。但是短期的话客户压力很大，我们要不断去沟通，让他能够理解，如果不理解的话，那也没办法。这就是我们交易过程中最大的压力。

陈波：做投资压力是多方面的，第一方面就是投资人的压力，受人之托，忠人之事，我觉得这方面是一个比较大的压力。另一方面公司的压力，做不出业绩或者公司业绩不好的时候，其实这方面压力也蛮大的。第三方面就是自身的压力，自身工作上面的压力，要做好业绩方面的压力。

面对这些压力，要说能够全部释放，或者摆脱的话，是不现实的。我们只能说怎么样让自己去适应这种压力。对我来说我就比较喜欢运动，收盘之后或者是在晚上去健身，或者有时候放假去爬爬山打打球，这个是我释放压力的方式。

但是不管是何种方式去释放压力，我个人觉得还是要有一个正确的认知，那么这个认知是什么呢？首先你要坚信自己，坚信自己对市场的价值观，对自己所做的这些判断或者是决策要非常自信，这个是很重要的。在没有达到止损或者卖出的条件之前，只要没有出现这些信号，必须严格按照既定的计划执行。

这个信心是基于你做决策前的深入研究。我们在做每一笔交易之前，应该都经过了深入研究，而不是随意去做决策，是经历了反复的研究论证，实地调研，研究报告的多次探讨，反复总结，我们才去做决策。而一旦做了决策之后，我们就不会因为外界的声音或者说短期市场的一些影响，去改变我们自身的看法。只要坚定了这一块，事前这方面的研究做充分了，其实压力就会小很多，我觉得这是一个正确面对压力的方法，就是事前要做好充分的准备工作、研究工作。

你们刚才也提到了，在投资过程有人会心态不稳、比较浮躁，除此之外，投资者还有什么常见的误区或者错误的观念和行为？

陈波：其实很多投资者心态浮躁或者不稳定就是因为他对于事情的研究很少，对自身投资决策不自信，他不知道这个市场最终会如何演变，所以他会感到很茫然，茫然之后就觉得无所适从，然后就很容易情绪化，所以我们投资失误的三大影响因素，其中最大的一个就是盲目交易，随意交易，这个是很多投资者，尤其是初期进入市场的投资人，非常典型的一个表现。另外两个就是缺乏认知和不设止损。那么在他们身上所表现出来的就是急功近利，交易频率非常高，以自我感觉良好为买入的逻辑，这些在投资者身上表现得比较典型。

陈旭：我接触的身边很多人，无论是个人还是机构，他们都有典型的特征，就是不能正确地认识自己，我觉得这是最大的一个毛病。比如说自己明明选择了好标的，但是拿不住。有的人经常说一句名言，把中线做成长线，短线也做成中线，但我觉得更多的是不能正确地认识自己。比如说你就适合做短的，你干嘛要去做中？尤其是你买这个标的时的策略就是做短的，你为什么要去做中？做短的话就要非常严格地执行它。但是如果你做长线的话，你肯定选更好的标的。那么我觉得第一个误区就是不能正确地认识自己。

第二个的话，交易太随意。刚才我们都说了，交易过程中受到的诱惑是特别大的，说白了，市场有4000多只股票，每天都有接近4000个诱惑，那么你怎么能够在诱惑中坚守自己内心的标杆尺度，我觉得这个是非常重要的。每个投资者的内心都要有一个标杆，或者是一个自己的模板。没有，你就建立，你今天不建立，明天还得建立，明天不建立，后天也要建立，而且有可能建立了是错的，这个可能性非常之大。但是人都是不断修正自己的，人是有一个自我进化能力的，你有这个东西你至少会不断进化它是不是？但是没有的话你就很难，而且没有的话你会不断地去随意交易。市场上财富怎么转移的？99%都是因为随意交易转移的。

大家都知道，市场并不会制造财富，它只是财富的转移。那么为什么会转？因为你交易太随意。随意交易手续费也很贵，哪怕现在手续费降下来了，但是你交易得多一样贵得很。随意交易，这是第二个误区。

使大多数投资者没信心，或者说亏损比较大的原因，我觉得主要是这两点，第一个不能正确地认识自己，第二个太过于频繁随意交易。

我自己在证券公司待过，其实随意交易你大部分时间就是给券商打工。就像赌王说的，玩百家乐手续费抽水是最低的，大家都抽2.5个点的水，他说大约是玩3～4次，哪怕你不亏不赚，你的本金就已经在我手里面了，就已经到我们公司来了。我觉得随意交易也是一样的，哪怕你不亏不赚，你的钱也全部都给证券公司了。

从开始交易到现在大概有十几年的时间，在这个过程中你们觉得感触最深的是什么?

陈波：感触最深的就是投资还是要回归生活的本质，我们人类是大自然的一部分，投资其实也是我们生活的一部分。无论是从市场去把握这些机会也好，或者说做一些投资决策也好，我们要多回归生活的本源。其实我们也能发现，市场很多大的机会都是我们平时生活中非常常见的一些东西和一些事件，像喝酒大家都知道茅台，还有我们每天吃的酱油，海天味业也是大牛股，所以说这些生活中常见的东西往往藏着大机会。所以我觉得感触最深的就是，投资还是要回归生活的本源。

陈旭：我觉得更多的就是在你认知范围内投资，不熟的不能做，不能盲目去做。

如果给刚涉足交易的新手几条建议，你们想给什么建议？

陈波：在真正做交易之前，你要思考并确定好你的方向，在投资这块，我始终把方向放在第一位。你是以哪种方式或者你最终选择哪个方向去做交易、做投资，你是为了满足一时的快感，频繁地去交易，还是真正从投资这个角度去做交易？对于一个新手而言，你一开始就选择从投资的角度去交易的话，我觉得就成功了一半。你就会更加深入地去思考，那么你的格局也好，看事情的本质也好，都会更加深入一点。

如果说纯粹是为交易而去交易，选择了交易这条路，那么可能很难走出来，这条路可能走不通。

陈旭：第一个，我觉得可以从反面的教材去看，像我自己以前吃过这么多亏，也见到过身边很多人吃过这个亏，所以建议新手一定要形成自己心中的一个标杆，用我们的话说就是形成自己的一个投资体系或者说一个估值模型，这个非常重要。只有有这样一个标杆，你才会知道目前拿到一手什么样的牌，目前面临的是什么环境。新手不可能马上建立这些东西，但是作为新手，你既然是一直在里面做，那么你早晚要建立，哪怕最初是0，你至少会1、2、3、4、5地开始，但是0+0永远等于0。你0+0.1+0.1+0.1……一直加上去，随着你的经验越来越丰富，你的体系肯定越来越完善。这是第一个建议。

第二个的话，不要高频交易。我刚才说了，国家开了一个很大的交易场所，而且那么高的印花税手续费。哪怕我们机构的手续费、交易费是很便宜的，相对于很多投资者都便宜很多，但是在我们看来这也是一笔不小的费用。印花税都没法降，是交给国家的。所以我建议不要轻易随意交易。

换句话说，以上第一个建议就是规避风险，第二个的话就是把握机会。在你的体系建立之后，符合你估值模型的机会肯定要去把握。

对于已经进入这个市场有一段时间，但是还没有稳定盈利的交易者，你们有什么建议给到他们?

陈波：每个投资者可能都会经历这样一个过程，从不赚钱到赚钱，甚至走不出来的都有很多。那么对于这种能够赚钱又不是那么稳定，还不能够形成持续稳定的交易的投资者而言，我个人觉得他应该从他的交易的体系上去思考，更多的可能是整个交易体系还不太完善，在其中肯定会有一些不符合市场的东西，有漏洞，那么就要去完善漏洞，把整个交易系统做好补充，要更加深入地去学习，把这些弥补好最终完成这个体系的话，慢慢就能够稳定盈利。

陈旭：我打个不大恰当的比方，我觉得这可能是一个输红眼的赌徒。如果亲身体验，作为一个赌徒，输红了眼，我们接下来最好该怎么办？我觉得最好是停止，一切都停止。就把自己的账户密码全部改了，股票清仓，停止，哪怕以后涨100倍，这也不是我们的菜。输红了眼，什么事都做得出，很恐怖的，相当恐怖。我再强调一下，一定要等自己稳定下来，心态稳定下来，再重新去搭建自己的交易系统，再继续去逐步投入，再慢慢修正，在这之前让自己有一个这样的真空期。这是我最大的一个建议。

其实我遇到过很多这种人，我有一个朋友也是做投资的，他跟我分享过，他说他每次买了之后基本上就跌，那他就砍，但砍了之后又涨，涨了之后他又去追，追了之后又套，这就是刚才你讲的，一直没有稳定是不是？那么就是输红了眼，一直是输的，其实这就说明你的体系都是错误的。那么最多的我也是叫他冷静，大约冷静了一年时间，我现在跟他交流就觉得他很正，能量也是满满的，他没再交易了，我觉得挺好的。他之前因为交易都快崩溃了，晚上睡不着，觉得对不住自己的家庭，对不住自己的孩子，什么不好的想法都有。现在我觉得他已经非常好了，如果自己能够休息一下，或者说在这过程中不断地去学习，不断地去搭建自己的估值模型或者说一个投资体系、评分体系，我觉得都还来得及。

之前提到投资交易要有一个好的团队互相之间配合，形成合力，你们觉得作为一个好的投资团队负责人，要具备哪些品质?

陈旭：我觉得更多的就是不断自我完善与修复。其实很多人问过一个问题，市场什么是不变的?其实市场不变的是每天都在变化。但是对于自己的交易体系，你不要轻易去改变，改变和完善是不一样的，完善是在这个基础上不断地做适当的修正，改变的话有可能就是说我要重新切换个频道，不是这样子的。我觉得应该是不断地去修正与完善，去贴近这个市场，其实说白了就是贴近我们国家，贴近于我们自己国内的行情，这是最重要的。

陈波：对于负责人来说，我觉得首先在这个市场上要有一定的经历跟沉淀，而且有一套适合自身的比较稳定的方式或者是体系在里面。

除此之外，我个人觉得他一定还要有正气，要有正能量，我觉得这个很重要，不管是基金经理人也好，或者是团队的负责人也好，他一定是一个充满正能量的人。做股票我们经常说悲观者往往正确，但是乐观者往往成功，所以一个具有正能量的人才能更好地应对资本市场未来所面临的一切问题。因为没有坚定的信念跟信心是很难走出来的。这个市场不是一个那么容易就能够做好的市场，是未来会面临很多变数的市场，资本市场最大的不变就是变数，一切每天都在变。不管是国际的也好，国内的也好，每分每秒都在变。所以在这些变化的过程中，如果没有正能量和坚定信念这样的品质在里面，那么很难带出团队，很难做好业绩。

其他的话我觉得是在职业道德方面，做事先做好人，职业道德这个层面也是非常重要的。就像做企业也一样，其实我们去考察一家企业，它未来是不是一家成功的企业，或者是它最终能不能做好做大做强，最重要的就是企业的管理层，他是否具有职业素养，这个很重要。市场上我们也看到了很多企业作假，最终自食其果，未来面临更大的惩罚或者退市都有可能。

你怎么看待未来5～10年中国股票市场的机会?

陈波：未来这一次的牛市可能是中国A股历史上最长的一次牛市。我们曾经经历过最大的牛市，比如说2005年、2006年从998点涨到6124点，指数涨了6倍，那么个股的话几十倍上百倍都很正常了。包括2014年、2015年其实指数也基本上翻番了，也有很多涨了上百倍的个股。但那些我们只能定义为中国历史上阶段性的大牛市，它不是最长的牛市。我个人觉得自从2019年之后，中国A股市场可能会迎来历史上最长的一次牛市，也就是说这次牛市5年、10年我觉得都很正常。

所以现在参与到市场或者是在这个市场，我觉得是一个能够真正分享中国企业成长的比较好的价值投资的阶段，能够真正从这个里面实现稳定盈利的一个阶段。以前的市场要实现稳定盈利其实并不是太容易，因为以前的市场是暴涨暴跌的市场。现在市场趋于稳定之后，很多个股、很多企业会真正地走长牛、走慢牛。这里面的机会应该会更大，这是我对市场的一个思考。

面对未来这样的市场你打算如何布局？

陈波：我的布局的话，基本上是延续我一贯以来的逻辑，以好的价格买好的行业好的公司，这个是我坚持的一个原则。在慢牛的过程中，很多好的企业会享受估值的溢价，也会享受时代发展或者是企业发展带来的更大的红利。

我们也可以看到现在中国市场已经慢慢进入到这个阶段了，80%的企业是不具备投资价值的，它可能是不断地打新低，或者未来都面临退市的风险。可能大部分的企业就是像港股一样慢慢地没什么交易量，处于常年趴在底部不动的这种状态。但是会有那么一小部分个股，也就是我说的一部分好的有价值的企业，它会走长牛走慢牛。

那么这种长牛慢牛所带来的机会，可能现在很多人还感觉不到，我相信过三五年之后，可能会达到令人震惊的涨幅。这是为什么？因为现在整个市场的体量更大了，资金规模更大了。以前很多基金公司一个基金经理掌管上百亿已经很大了，现在已经达到2000亿了，一个基金经理下面直接管2000亿规模了，整个中国A股市场的体量也更大了，但是资金规模大了之后，这些大的资金买的个股反而越少了。

那么这意味着什么？我们去想一想，这些能买的个股，这些好的个股、好的公司，未来在这么大体量的资金的堆积下，它能够涨多少？我打个比方，以前可能是1万亿去买1万个公司，但是现在1万亿分配到10只个股上面，每个可以分多少钱？体量更大了，但是可以买的这些公司反而越少，可想而知，这些可以买的好公司，未来能够推多高？所以说他们的涨幅可能达到令人震惊的地步。当然，也有很多公司可能达到令人震惊的跌幅，甚至退市。

所以我觉得这几年应该来说是中国资本市场最大的红利期，能够看懂看准这个趋势的，能够真正去做到这一点的，一定是最大的受益者。这就是我对这方面机会的一个思考。

陈旭怎么看待未来5～10年国内股票市场的机会？

陈旭：我也觉得更多的是一种慢牛行情。我们就拿比较成熟的国家来说，欧美市场，尤其美国的道琼斯是标杆，他们发展期间经过了200年，我们中国只有20多年，有的人说股票市场是一个起起伏伏波动很大的市场，但是我们去看一下，如果拉开道琼斯近30年来的走势，其实美国股市走了30年的牛市，在1980年代开始石油危机，从800点开始，现在涨到这样一个高点，涨到现在1万多点，最高的时候一万六七甚至更高。那么涨了这么多，它其实一直以来是走牛的，尽管中间有很多波折，包括2007年的“次贷危机”，包括去年的疫情这样一个没经历过的东西，他们虽然说有过急杀，但是整个趋势都是向上的。

那么再来看我们A股，拿未来这3～5年来说，为什么我觉得还是有慢牛的行情？第一个从政策面，现在是扩大再融资市场，国家确实是需要我们股市不断地去融资，所以政策上不会让股市走低。第二个从外围市场的经验来看，应该长期是一个慢牛，这是已经确定的。第三个从市场本身的逻辑来看，从市场规律来看，它基本上是10年一个周期，5年熊，3～4年牛，基本上是这个规律，那么已经走了那么多年熊市，按照这样的话也是形成了。

除了我看未来是一个3～5年的慢牛，更多的机会我觉得应该是在科创板，希望大家能够引起重视。为什么这样说？就是我说的第二点，虽然是牛市，但是一个分散性的牛市，它不是像以前那样普涨普跌了，美国也是一种分散牛市，它有一个这样的数据，就是市场虽然说涨了30年，但是有1/4股票不仅是跌，它是退市了，没了，还有1/4股票是跌的，1/4是没涨没跌的，只有真正的1/4是随着指数涨的。那么中国以后也是这样子的。既然要看未来的市场，我觉得以后结构化会越来越明显，机会更多在于科创板，可以重点关注一下科创板指数。

逻辑的话有三点。第一点，国家的政治态度。我们国家战略宣布开展科创，所以科创板已经非常明显，它是非常符合我们国家大力发展原则的板块，这个必须要搞起来。我非常相信我们国家实行的大的战略的东西基本上没有不成功的，所以我对这项政策是很坚定的，这是一个角度，政策。

第二个角度，从历史的规则。不知道大家有没有发现，有这样一个我认为非常值得我们投资者重点关注的规律，每搞一个指数都有个大牛，而且牛得我们不敢想象。我们回过头来看，总结一下，在上证指数开始的时候，上证指数最强的，五朵金花，上证50，如果是老的投资者应该非常清晰，基本上走了一波大牛。开创中小板指数，中小板指数也是带着它的历史使命，要提高中小企业的再融资，以苏宁云商这些涨了几十倍的为代表。那么又开通了什么？开通了创业板，为了我们民营企业或者是高科技企业的融资便利，国家在大力扶持类似这种指数里面的公司。创业板指数大家应该记忆犹新，它一波牛市直接从500点涨到4000点，涨到8倍。那么现在开通了科创板指数，它也是带了我们国家的一个使命，代表了我们更高层次的国家未来的方向。就是说每次一个新的指数开通，它必定会迎来一波波澜壮阔的牛市，这是历史的规律，我觉得所有的投资者都必须要引起重视，这是第二个。

那么第三个，现在大资金流向科创板的态度很明显。你看近期（2021年5月）我们的指数，包括创业板和上证指数，波动很大，但科创板大家可以去关注一下，基本上很猛，明显有大资金在流入，比如像科创板的一些ETF，像科创50ETF，这些明显是有大资金在流入的，已经很稳了，大家看一下明显是强于上证指数，强于创业板，强于深成指的，所以说有大资金的流入。

所以我看好科创板主要就这三点原因，第一政策，第二历史规律，第三资金态度。

那定投科创板ETF岂不是最合适的策略?

陈旭：我建议是这样的，现在的市场环境有可能像2011年，相对比较软绵绵，符合我打分机制的组合和个股并不多，但是科创板指数是相对很吻合的，是一个高分数吻合的标的。比如说打到90分说白了就是90%的吻合，100分的话就100%吻合。那么我觉得科创板现在应该是可以打个90分，已经有90%的吻合度了。

大家知道像机构一般是不能跟投资者轻易谈个股的，但是我跟所有的人，包括我们机构内部交流，我都极力叫他们配置科创板指数。

假如说你拿到一张去外星球的船票，要离开地球10年之后才能回来，这个时候你的资产被要求放在一个投资品种上，你们会做怎样的选择？

陈旭：我选择科创板，根据我刚才说的国家政策的战略转型，最高层亲自开通科创板。按指数的改革，一般证监会级别我觉得已经很大了，如果是更高级别的，我觉得一定要引起我们投资者重视，一定要跟政策尤其是最高政策保持一致，这是我们投资最基本的行为，无论是机构还是个人投资者。

陈波：如果说只能放在一个上面的话，首先我会选择商业模式最好的。大师经常说投资要投两类企业，第一类企业是能够改变世界的企业，像苹果，巴菲特现在就重仓苹果，所以第一方面就是投像苹果、特斯拉这种能够改变世界的企业。第二个呢，就是买世界改变不了的企业。那么我去投一个的话，我会投100年之后世界改变不了的这些企业，也就是说商业模式是最好的，而且100年之后还在这里的企业，这个会是我去下注的一个方向。

你觉得国内哪个符合标准呢?

陈波：如果硬是要说哪只个股会符合这个标准的话，我觉得茅台应该算一个。

目前在投资中你们还经常出现的困惑是什么?

陈旭：不断地被诱惑。虽然说我们的交易模型、投资体系中会有一个明确的参考，或者一个制度，但是很难完全做到，我们还在不断地完善自己的执行力，因为执行力做到100%，说实在的，那就是圣人了，就像王阳明能够做到知行合一。但是现在有多少能够做到知行合一？如果能够执行80%或者90%，我觉得已经是圣人了。但是如何尽量往上面去靠，这就是我最大的困惑。

陈波：我还在一个不断学习的过程，也是自我不断成长的过程。我曾经做到了拿到3倍、5倍的涨幅，但是我所期待的是在未来这几年，我能不能在一只个股或者是一个组合里面完成10倍甚至更大的涨幅，这是我去努力的一个方向。那怎么样去完成这个阶段，我现在是比较困惑的，我也希望在这个方面未来能够有所突破。

你觉得实现突破更多的是靠运气，还是说有方法有途径的?

陈波：我觉得靠运气肯定是不可持续的，也是不稳定的，投资说实话一定是要回归到企业的本源，回归到企业的本质，真正从企业未来发展的角度去考虑。说白了，一个人能赚到多少钱，是他认知的一个兑现，投资就是认知的兑现，你能够看多远你就能赚多少钱。有句话是，你赚不到你不相信的那部分钱，当你看得不够远的时候，你就不可能去赚到那部分的钱。

所以我在想，我的思想高度、我的格局能不能更大，让我看得更远，让我对整个事物的认知能够达到更深层次，这样我才能够把握更大的机会。比如虽然这只个股能够涨10倍，但是我不一定能够全部拿到，这说明我赚不到认知那一部分的钱，但我的认知真的达到这一部分的时候，它涨10倍我就能够赚到10倍。这是我觉得要去突破的一个方向。

如果有和其他投资者交流的机会，你会想跟什么类型的投资者交流?

陈波：其实我是比较喜欢跟投资者打交道的一个人，我也见过很多不同类型的投资者，有高频交易的，有短线交易的，有中线波段交易的，也有价值投资的，其实我都很乐意跟他们去交流。因为每个人都会有自身的优势所在，去跟他们交流的过程中我能够吸取人家的长处，弥补自己的短处，所以我觉得不分类型，我都愿意去交流。

陈旭：我也觉得什么类型都可以，无论是机构还是个人，机构是由很多个人组成的团队，个人的话很多人围在一起也是一个机构，只是说水平可能有高有低，或者说信息度有高有低。我觉得跟个人投资者交流的话，能够从他们中看到自己的不足并去完善。哪怕他们天天追涨杀跌，我们一起交流，我也会觉得这不就是开始的自己吗？或者是跟我师傅他们交流，能够学到很多东西，能够让我融合很多东西。

第二部分

投资系统

打个比方，我们要去钓鱼的话，一定要选择一个鱼多的地方去钓，这样钓上鱼的概率也大很多。所以要想真正选到牛股的话，我们要从牛股多的地方去选择，那么这样选到牛股的概率也大很多。

仓位管理的话，我讲个最简单的例子，如果你拿的是好牌，你不敢下重注，那没意义，你赚不到大钱，投资中一定要谨慎，但是你不能过于谨慎，该打歼灭战的时候一定要打歼灭战，该打狙击战的时候打狙击战，该打溃击战的时候就打个溃击战，该打主战牌的时候就主战，该回避的时候就回避。

你们认为什么样的体系能称得上是一个投资体系？有哪些必备的要素？

陈旭：我觉得应该是能够经受市场验证的。大家知道市场现在有很多风格，其实我们都没法去反驳哪种风格是对的，或者说哪种风格是错的，因为每个人都有适合自己的，但是我觉得现在能够经受市场考验的投资体系，就是长期能够稳定的。哪怕你不一定能大赚，但是赚的时候多赚一点，亏的时候少亏一点，能够稳定盈利。我觉得这是第一要素，能够稳定。

第二个要素，简单明了。搞得太复杂，说实在的，还不如直接啥都不会，你创建投资体系的目的就是为了能够让你的投资变得更简单，能够有可执行性。

第三个的话就是一个执行的力度，能够更加强有力的执行。

所以要有这三点，第一个能够稳定盈利。第二个能够简单明了，大家都看得懂，最重要的是自己一看就看懂了，形成一个本能的反应，如果太复杂了，你本能反应很难。比如说一触电就把手缩回来这是本能反应，但是很复杂的东西我可能搞半天都搞不清楚，要经过很多方面考虑，可能时间就直接耽误了。那么第三个，再好的东西也得能执行，要有执行力。我觉得就是这三点要素。

陈波：投资体系的话，应该来说它会是一个系统性的，我个人觉得会形成一个闭环。简单来说就是从我们选择什么样的标的，选定之后怎样去做配置，做好配置之后怎样去长期跟踪，去结合公司企业的发展，去做好仓位的管理，最后涉及到怎么做好风控，这都是体系的一部分。

我觉得一套完整的投资体系应该是一个多方面的综

合，从选股、买入、配置、持仓再到最后的卖出，整个是一个闭环。我个人觉得最重要的还是在买入或者是标的的选定，因为它决定了你什么时候卖出和最终收益情况如何。我觉得投资体系最终的落脚点和着眼点，还是在标的的选择，怎样去选择一个好的标的是一个比较重要的环节。

中国现在股票的数量已经越来越多了，从以前2000多只，到现在3000～4000多只，我相信未来上万都有可能。随着注册制的推进，未来每年发行的都是好几百只了，所以说未来股票的数量会越来越多。那么从交易层面来说，面对这么多的股票，背后我们投资人的精力是有限的，对于机构来说，机构现在的精力和人力方面也是相对有限的，像我们大的私募机构其实人手也不是说特别多，像巴菲特的公司也就十几个人，掌管了几万亿。

所以面对未来股票数量越来越多的这样一个市场，我觉得对于交易选股或者是说标的选择这块，我们只能做自己最擅长的领域，而且是把有限的精力局限在自己能够真正看得懂的地方，在自己最擅长的地方去做交易，我觉得是最重要的，而不是说所有的都去涉及。一方面精力是有限的，另一方面在一个领域都研究不透的话，在多个领域多管齐下可能更难。我个人觉得对于我们普通投资者而言，从自己最擅长的领域去，而且是从身边去找一些机会，这个是相对比较简单的。

中国说实话不像美国是一个科技强国，中国在这个方面相对来说弱势一点，但是中国在消费这个层面是具有很大后劲的，因为中国人口很多。根据前几天公布的第7次人口普查数据，中国已经有14亿人口了，美国才3.3亿，我们的人口是它的4倍多。应该说美国的优势主导产业是它的科技产业，那么对于中国，从现阶段来说，我们的优势产业是消费，所以我觉得消费这个领域是普通投资者一个基本盘，把精力放在这一块去寻找一些机会的话，未来这个里面会有一些牛股。打个比方，我们要去钓鱼的话，一定要选择一个鱼多的地方去钓，这样钓上鱼的概率也大很多。所以要想真正选到牛股的话，我们要从牛股多的地方去选择，那么这样选到牛股的概率也大很多。所以对于普通交易者而言，把握自己身边的基本盘，像消费这些，我觉得就可以了，这里面就能够找到很多机会。

之前你说你们一个负责买一个负责卖，具体指的是什么？

陈波：买卖的话，其实也是整个团队配合的过程。在投资总监做出投资决策之后，基金经理就按照相关指令做好相关的配置，买入基本上按照盘口的波动，我们在限定的区间买进就可以了。但是卖是一个相对比较复杂的过程，你卖出之后这笔交易就尘埃落定了，它决定了是盈是亏，盈亏多少。

对我们来说，其实最不想的就是去卖，我们希望能够买到好的公司，然后能够长期享受公司发展带来的股票成长的收益。真正等到去卖的时候，相对来说是比较被动的，要么公司基本面发生变化，或者是整个大环境发生变化，或者是我们要做风控等等，涉及到相关的因素。在这方面基本上我们团队也会做好相关的分工。

这个分工指的是决策层面还是具体操作层面?

陈波：决策层面。一个团队会做好相关分工，是这样子。

陈旭：其实这个很好理解，并不矛盾。首先按照大家不同的体系选好板块，就是评分，纳入我们的一个股票池。纳入股票池的话，我们集体决策，像我的话是专门负责买，大家有肯定权有否决权，如果被用了一票否决权的我们就不能买。卖的话也是类似这种，陈波专门负责支付指令，他就负责整个卖的。通过市场长期的不断的验证，我们按照各自的风格或者最适合的、最擅长的去分工。

接下来我们谈谈投资逻辑，首先跟我们谈谈，你们从市场中最主要赚哪类钱？

陈旭：首先我觉得最大的一个钱，应该是国家或者市场的红利，国家政策或者国家未来发展的趋势。我打个比方，10多年前赚得最多的就是“五朵金花”，因为国家希望国有企业大企业能够做得更好，从股权的角度能够完成更多，像是银行股改的那种。七八年前创业板的那种福利，国家希望这种大众创新万众创业的企业能够做好，说白了这就是国家给你的政策红利，包括现在科创板的机会其实很多也是赚这种红利的钱。这是第一个。

第二的话，除了这个红利的钱，机会在这里了，你就要用自己的认知了，就是我们自己可认知的钱。国家红利的钱给你指出了一个方向，但里面具体也有很多机会，也包括很多风险。基本上大的方向我们就跟随整个政策的红利，那么怎么去把握里面的机会，就要看自己的认知了。

认知的钱主要还是价值这一块的钱？

陈旭：对，核心价值，守正出奇。

陈波来补充谈谈。

陈波：刚才陈旭从大的层面来说，主要是站在国家发展红利这方面的收益。那么从小的角度来说，我个人觉得，我们交易盈利的体现主要是两方面，股价的上涨要么就是业绩的提升，要么就是估值的提升，那么也就是一个阿尔法收益，一个贝塔收益。

我个人觉得我们更偏向于业绩增长的利润，因为选股的时候更多是从基本面着手，在业绩好的背景下，其实估值也会自然提升，当然我们更多追求的是一个戴维斯双击，业绩估值双提升，那么这个是最暴利的。但是大部分情况下我们所赚的盈利还是在基本面这块，赚这方面的阿尔法收益。

接下来请谈谈你们的投资决策体系，是依据什么来做出投资决策的。

陈波：我们大的投资决策体系就是延续价值、成长这块。关于价值这方面，其实不同的投资者可能有不同的定义，对我们来说，更多是从发展的角度去看的，我们定义这个企业现在可能只值100个亿，但是若干年之后它能不能到500个亿甚至上千个亿，这就是一个企业发展成长过程中价值不断体现的过程，也是一个成长的过程。

如果拿PE、VC来说的话，二级市场我们更多是投资于成长的阶段，如果说一个企业分为初创期、成长期、成熟期，再到最后的衰退期，那么我们可能更多偏向于投资成长期企业。当然成熟期的企业我们也做配置，价值与成长这方面我们都做好配置。但是我觉得从弹性这个角度来说，成长这方面的弹性会更大，因为这个时候属于公司成长速度最快的，那么它的业绩爆发也是最大的，估值提升阶段可能也是最暴利的，在这个阶段的话更容易实现戴维斯双击。

对于价值型的来说，我们会投资于成熟型企业，它们经过了市场的竞争之后，能够形成比较稳定的格局，这种是我们价值投资重点考虑的一个方向，那么这个时候就赚企业稳定增长的钱。当然，因为经过高速成长期之后，企业达到了一定的稳定期，它很难实现暴利的增长。那么这个时候只能是依靠“时间的玫瑰”，我们以时间来获取稳定的收益，这是我们做价值这方面配置的一个方向。

具体来说，不管是成长也好，还是价值也好，我们更多地还是从企业的基本面出发，一定要更多地从企业商业模式这方面着手。我觉得我们投资的方向一定是商业模式属于比较顶尖级的，这样才会纳入我们重点考虑的范围。其实赚钱有三种形式，一种形式是轻松赚钱，一种是赚辛苦钱的，还有一种是辛苦不赚钱的。我们最好能够选到轻松赚钱的这些企业，作为他们的股东，享受企业成长带来的股价提升的这种收益，我觉得这样的话最终走出来的概率还是偏大的。至于那种赚钱比较辛苦的或者是辛苦不赚钱的企业，其实我们是相对比较谨慎的。因为这类企业阶段性可能会带来一定的机会，但是拉长时间来看的话，股价还是很难走出来。

根据DCF贴现模型[①]，最终价值是未来自由现金流的贴现，以净利润来算，是N年之后的净利润贴现到现在的这个价值，如果未来不能够产生稳定的自由现金流，它其实是不具备长期投资价值的。只有具备了稳定的自由现金流的企业，才能够提供比较稳定的成长。只有商业模式经得起考验，能够轻松赚钱的这些企业，我觉得才具备中长期投资价值。所以从交易体系来说，我们重点是研究公司商业模式，要找到那些能够轻松赚钱

① 现金流折现估值模型 DCF (Discounted Cash Flow) 属于绝对估值法，是将一项资产在未来所能产生的自由现金流（通常要预测 15-30 年）根据合理的折现率（WACC）折现，得到该项资产的价值，如果该折现后的价值高于资产当前价格，则有利可图，可以买入，如果低于当前价格，则说明当前价格高估，需回避或卖出。

的企业。

其实很多人说去创业，或者是鼓励去创业，具备企业家精神是好的。但是很多时候，尤其是在中国资本市场未来越来越成熟、越来越壮大之后，应该说投资或者创业的机会也会越来越小。因为各个要素都被这些资本所控制了，不管是人力物力财力，他们都具备优势，而且各个行业都发展得相对比较充分。

我们要做的其实很简单，找到中国市场上最具备赚钱能力的公司，我们做它的股东，享受这个公司不断成长、不断在市场上壮大带来的投资机会，这是我们未来投资的思路。

至于成长型的，其意义三言两语也很难讲得清楚，它也是一个涉及不同选股思路的实战方面的问题，有机会再慢慢给大家分享。但是归根结底，不管怎么样，一定是要回归到业绩。

未来中国的投资机会一定是要有业绩体现的背景，不管是短期也好，长期也好，没有业绩的公司应该说是没有未来的，所以归根结底一定是落实到业绩这个层面上。

总体来讲，一类是快速成长，一类是稳健价值增长，有没有具体的判断标准，像你提到的高毛利、高净利?

陈波：跟大家举个简单的例子，怎么样去考虑这家企业。

首先要确定这家公司的市场规模。我们去选择一个行业或一家公司，自上而下，从宏观角度去判断，看这个行业的空间够不够大。行业空间够大才会诞生伟大的企业或者高市值的企业，只有上万亿规模的市场，才能够诞生上千亿甚至上万亿规模的企业。所以首先考虑的是行业规模这块，一定要选择行业空间大的企业，这是我们思考的第一点。

第二就是在大的行业背景下尽可能选择头部公司，也就是更多地要考虑龙头企业，因为龙头企业在大的市场规模下占的市场份额会更高，那么它也具备更高的抗风险能力，自然地具备一定的“护城河”。巴菲特所讲的“护城河”是，在这个行业里面，这个公司能不能形成垄断，这是我们重点考虑的。一家企业的行业属性和优势有哪些？有的有品牌优势，有的有规模优势，有的有生态优势，有的有垄断优势，那么我们最好是选择有垄断、有品牌的一些头部企业，它在市场竞争过程中自然能够获得更大的市场份额，也能够更好地去盈利。这是第二点，关于行业的竞争格局。

通过行业空间、行业竞争格局这两个方面的考虑之后，基本上有些企业就可以纳入到自选了，纳入自选之后，基本上就有一个长期的跟踪方向。但是很多公司可能阶段性在底部区域反复，或者是在这个位置停顿很长时间，这都是很正常的事情，所以说买进去的阶段也是一个很大的学问。很多人问什么时候买，有的股票很长时间才爆发，有的为什么买了就爆发，其实这是在实战操作过程中一个比较重要的环节。

就我们而言，简单来说，什么时候买，我们需要看什么。比如，我们需要看产业的趋势，在中国几十个行业中，每年具备高景气度或者是阶段性具备高景气度的企业，它是不一样的。为什么会产生热点？为什么会产生主线？为什么会产生阶段性的主流？像2019年的半导体，2020年的医药消费，2021年的这些周期行业，为什么它会在不同的阶段形成不同的主线？这就是因为它的景气度不一样，这些跟产业趋势的发展有关系，所以我们在选好个股之后，什么时候买也需要结合产业趋势，是否进入到它的一个成长期、高速发展期、高景气度周期，这个是非常关键的。没有进入到高景气度阶段的话，你基本上很难赚到大钱，你需要很长的时间去等待，这个时候对你的耐心和信心都是很大的考验。所以从这方面来说，买也是一个很大的学问，以后有时间再跟大家慢慢分享。

我们总结一下，你们做的是成长加价值的长期投资，在个股上通过自上而下的筛选，在具体买入时机上会参考行业的生命周期来进行一个核实。

陈波：没错，结合这些综合因素去考虑。

陈旭跟我们详细谈谈你用来做决策的综合性的评分体系。

陈旭：首先评分体系的基础，我们的整个投资理念是“守正出奇”，可能我们的交易体系、交易基础90%是“守正”。如果真的符合“出奇”的标准，真的能够达到我们模型的切入点，真的有这种高分数的，那为什么不“出奇”？但是我们不轻易做“出奇”。

你这里的“守正”和“出奇”分别指的是？

陈旭：“守正”是价值投资，基本面的投资。“出奇”的话是极少数，不轻易出手，做当期的一些突出点，适当做一做，这是我们的第一个基础。

第二个基础，我们其实有一个整套的平衡机制。我首先来说“守正”。在一个最简单也是大家常用的交易体系中，首先是标的的选择，第二个是标的的买入，第三个标的的卖出，第四个仓位管理，这四个是最基本的。其中最重要的我觉得是第一步，标的的选择。

怎么去选择？你要选好这个标的，要知道为这个标的能够投入多少精力，对它的容忍度止盈止损怎么样，这就涉及仓位管理，它们的基础更多的是我们的打分机制。那么这里我详细给大家讲一下，具体应用到量化数据这个角度，其实量化没那么复杂，而且越简单越好，更多的是一种综合的数字化的体系。

那么怎么综合？基本面的“守正”的打分机制更多

的就是从上往下，比如说我们看到的一些重要的指标，它的重要度有多少，说白了具体数据上就是一个权重比例。从上往下首先肯定是行业，第二个是公司本身，第三个是好价格，通过这三个因素的权重比例给标的赋值打分。我们给行业和公司本身的资历各30%的权重，好价格占接近40%的权重。

行业的话，它里面有两个我们最看重的指标，其实行业很多指标，但是我觉得应该抓大放小，我刚才也说投资体系一定要简单明了，不能太复杂，要能够执行。那么我们就抓大的，只有这两个指标。

第一个就是行业的空间，只有一个行业的空间足够大，在行业里面的公司才能享受更多的红利，或者更多的机会。如果行业的规模在1000亿以上，那么我们可以打100分；行业规模在500亿到1000亿的，我们只能打80分；200～500亿的，只有60分；100到200亿的，50分；100亿以下的，我们认为这是一个很小的行业，哪怕这个行业全部让你吃到了，你所享受的红利也并不大了，所以说象征性地大概打40～50分。

其实这样一比大家就可以算出来。我打个比方，比如说白酒行业现在的市场空间大概是5万亿的规模，按照评分标准，行业空间的15分里面你可以打满。如果有的行业很小，可能只有一个及格分或者说只有50分，那么在行业空间上可能只有7.5分（50分×50%×30%），甚至只有6分，这就更小。这是关于行业的空间。

行业第二个看重的就是行业的增速，比如说行业的空间没有上万亿或者5000亿，甚至更小一点，但是它每年的增速是很好的，比如说每年增速有30%，甚至更高，那么它三五年下来是不是成长很快？是不是几年就可以变成4000亿？如果它能够保持这样的增速，是不是再有几年就到万亿？所以说行业增速也占了15分，这里面就是行业的一个发展属性。

一个行业有不同的发展时期，开始是萌芽期，后面是迅速发展期、成长期，到成熟期，再到衰退期。我们就看这个行业，如果属于萌芽期，它肯定是增速最快的，可能超过30%，甚至更高；成长期可能15%～20%；如果是成熟期，可能是5%或者几个点；衰退期可能负增长。

比如这个行业是我们现在看好的新能源，我们可以想象它未来的市场肯定很大，但现在肯定并不是很大，因为现在大部分市场跑的还是内燃机，还是烧汽油或柴油的。它的行业增速如果能够超过30%，那么这100分的标准肯定达到了，行业增速这15分肯定拿到了；如果是成长期，增速只有20%，那可能只有80分；如果增速是10%～20%，这就是成熟期，分数就是一个及格；如果衰退期，我们整个就给50分，只有总分数的一半，按照这个权重和比例去算就可以了。

这是行业，占整个权重的30%，那么这30%里面又分为两个因素，一个是行业的空间，一个是行业的增速。这是第一个，行业。

第二个就是好公司。公司其实有很多参考标准，每个人都不一样，我们的参考标准是经过这么多年不断的修正完善，或者说我们自己的经验教训，我们认为最重要的，也是最直观的：公司好不好，其实它的毛利率一目了然。其他财务指标也很重要，但是我们觉得这两个财务指标是最重要的，第一个毛利率，第二个净利率。

毛利率很大程度上能代表一家公司的护城河强不强，如果一家公司的护城河特别强，它的毛利率自然不会低，像茅台的毛利率高达93%，但是有的很传统的产业毛利率只有几个点、十几个点，太低了，这个指标很直观。

有人说财务造假，这个我们姑且不论，我们能看到的暂时是这一套财务制度，只要执行的数据能够选出来，毛利率是很难造假的，因为一切经营指标的计算，估值的很多东西都是从毛利率开始。我们定义的公司这30分里面，有三分之一也就是10分是毛利率。

我打个比方，毛利率80%以上的，可以打满分，50%～80%，30%～50%，30%以下，分别作为划分的层次。一家上市公司的毛利率低于30%，我们觉得这些公司不一定差，但绝对不是最好的生意。

那么第二个，就看公司整个管理层的水平。我们会调研，尤其是从基本面守正的层面，一定会去公司调研，初步也会从网上找到管理层的一些言论，这个非常重要。一个管理层有没有激情，有没有真的要做事，要提高自己的估值，要不断提高自己的业绩，绝对影响这家公司是否会有一番作为。

比如说我们前几年找的一只黑马叫酒鬼酒，它的董事长新上任，也是一个重量级的央企派来的，因为之前的管理很慢，他就直接说了5年的产能要翻三倍，确实现在这几年也慢慢验证了，管理层的水平真的跟上市公司的估值非常相关，包括公司管理层的意图，他做事的欲望等等。所以首先调研是最重要的，我们去调研，跟管理层进行交流。公司这一指标下管理层的水平占了三分之一也就是10分。

还有第三个，公司整个产能的扩张。说白了第二个是管理层，第三个就直接进入到车间了，员工层。那么我们会去调研去看一下车间，或者说我们会从一些研报里面看一下整个公司的产能利用率。

我们找的都是很直观的标准，如果一个公司的产能利用率达到100%，那么说明什么？说明这个公司的产品供不应求，行业高度景气。像今年为什么新能源涨得那么好，大家都看得到，很多企业都造新能源车，所以它的电池和很多原材料都供不应求。这是你明显能看到的。

产能利用率100%肯定是最好的，然后80%～100%是一个标准，50%～80%是一个标准，50%以下的顶多就是一个及格分，就象征性打分，为什么？一家公司的产能利用率只有一半，说明这个公司产品一半都卖不出去。这是我觉得整个市场需求可以给到的最直观的一个数据。

另外一个的话就是产能，只有产能利用率还不够，哪怕你公司产品生产马上能卖出去，但是你生产不了那么多，那不也没用吗？还要看生产线能不能再爬坡。如果你的生产线能够迎合市场，不断扩张，你产能利用率又很高，那么公司的利润和业绩立马就体现出来了。产能与产能利用率一共占三分之一。

总结一下公司这块，我们第一个主要看毛利率净利率这两个财务指标，它们很客观地直接反映公司的行业地位；第二个的话就是公司的产能和产能利用率；第三个的话，管理层的水平。这是关于公司。

最后关于好价格。其实好价格说实在的，每个人都有不同的标准，像同样一个商品，有的人可能觉得是无价之宝，有的人可能觉得一文不值，但是在我们看来就简单化，不要复杂。

好价格说白了就是估值。我们的标准，第一个就是看大势。

大势占了这40分里面的20分，大势好肯定是能够卖到好价的时候。比如说很多人在抢这个话筒，那么这个话筒价格是不是可能走高？但是很多人都不理它，它放这的时候没人要，那价格就大概率走低。所以大势占了

40分里面的一半，大势很重要，大势好可能对你的估值是好的影响。

如果大势是趋势向上的行情，我们在20分里面可能打80分；如果是趋势向下的行情，我们可能只打50分。

你这里的“大势”针对的是个股还是大盘?

陈旭：大盘，一定要看大盘，而且不要那么复杂，就画趋势线或者不连线就看，是明显向上还是明显向下，清清楚楚，不要再想别的事情，这是一个大势。

那么估值第二个的话，应该看到整个行业的对比。

如果这个行业景气度很高，如果是龙头，那么给到的行业溢价肯定不会太低。就像现在房价一样，其实都是土做的，为什么一线城市房价那么高，三四线城市那么低，就是一个行业定位的溢价，一个溢价与折价问题。如果是龙头，那么我们估值可能相对高一点。如果是行业垄断，那么20分你可能就全部拿到了。如果是行业的

No.2，那就要打折扣了，可能只打80分。如果是行业的第三，不能打个0分，给它一个象征性的分数就是50分。

还有可能是个细分领域的行业，细分领域的龙头还不一样，当然我们也不能打100分，就打80分左右，细分的龙二就不怎么看了，基本上也就是一个象征性的分数。就是20分里面去乘它的比例，这样的一个分数加起来再具体细化。

你刚才说的龙头指的就是行业地位?

陈旭：对，这是可以看得到的。

像你刚才说的“龙头”和“龙二”就是茅台、五粮液这样?

陈旭：对，以茅台的行业地位在行业评分里面可以达到的分数是100%，五粮液的话可能是80%。但是细分领域的龙二基本上分数就不高了，有一个象征性的分数撑一下版面就可以了。

那么整个分数一加起来，好行业、好公司、好价格一目了然。

表1　打分机制：像机构一样建立估值模型（总分100分）

项目	细分	判断指标	占比
行业（20分）	行业空间（10分）	高：1000亿元以上	80%～100%
		偏高：500～1000亿元	70%～80%
		中：200～500亿元	50%～70%
		偏低：100～200亿元	30%～50%
		低：100亿元以下	30%
	行业成长前景（10分）	幼稚期（市场增长率较高）	70%～80%
		成长期（市场增长率很高）	80%～100%
		成熟期（市场增长率不高）	50%
		衰退期（市场增长率严重下降）	20～30%
公司质地（30分）	公司地位（15分）	最好、综合龙头	80%～100%
		其次细分领域龙头	70%～80%
		次龙头	50%～70%
		其他	40%
	技术水平、产能扩张（10分）	产能利用率达100%+产能扩张翻倍以上	80%～100%
		产能利用率100%以下+产能扩张没有翻倍	30%～50%
	管理层总体水平（5分）	掌舵人个性与过往业绩	80%
		如果没有	30%

续表

项目	细分	判断指标		占比
财务状况（15分）	毛利率、净利率（10分）	毛利率低于30%		30%
		毛利率30%～50%		30%～50%
		毛利率50%～80%		50%～70%
		毛利率80%以上		80%～100%
	现金流、应收账款、费用、负债（5分）	现金流（经营活动现金流没有大问题）+应收账款不大		60%
		如预收账款很大		80%～100%
估值（35分）	合理空间（15分）	大势（上升途中）		70%～100%
		下降趋势		30%～50%
		日线底部结构（反弹中）		50%
	P/E（5分）	30倍以下		80%～100%
		30倍到50倍		50%～70%
		50倍到100倍		40%～50%
		100倍以上		30%
	市值（15分）	同行业头部公司市值对比（占8分）	远远低估可以相对高	70%～100%
			一般	40%～50%
		产能扩张（占7分）	如果能够扩充一倍以上	90%～100%
			其余	50%

说明：该打分表是2021年指标，会随市场发展而修正。

这是我们“守正”，还有一个“出奇”。虽然说90%的时间在“守正”，但是我们也是做了这么多年了，也会看一下市场的形态、K线以及各方面的东西。说实在的，如果一个人做价值投资，完全不懂K线，我告诉你那是个胡扯的，一定要懂。做了这么多年我们也把“出奇”的总结了一下，就是纯粹做技术这一块。

纯粹做技术的话，我们以前参赛也靠这个拿了很多奖，但是为什么没有做了？因为纯粹靠这个也是不对的，因为这个市场上很少有这种标准化的，很少有高分数的，一年难得做一次，难道一年就吃一次吗？但是如果有，有这样一个出彩点，为什么不做？

那么技术面怎么做？我给大家讲一下。“出奇”的打分机制是这样子的，我们有一套K线模型。股市如果学技术的话，最基础的东西是什么？就是两阳加一阴，如果最基础的东西慢慢多了，就形成了形态，就形成了趋势。好，我们把它极致化，最极端的阴线是跌停，而最极端的阳线是涨停，两阳加一阴，我们基本上就看涨，如果把它更极端，基本上看涨的概率就很大。

我们把它极端化就是涨停加跌停加涨停，这就是我们最简单的一个形态，但是只占整个分数的60%。如果是一组两阳加一阴，两个涨停加个阴线，那么我们顶多说60分；两组加起来，70分；3组，80分；4组，90分；5组，100分。如果有5组两阳加一阴，那么这60%比例的分数就可以打满了。这里举这个简单的例子来说明“出奇”的打分。

对于有一些情况比如说它一直不断地涨，但从未出现涨停？

陈旭：这个也不是我们“出奇”的菜。

就放过了？

陈旭：对，放过了，因为之前也说了只做自己能够认知的，没办法，不熟悉的不敢去做。

技术最核心的就是K线，那么第二个就是看题材。其实做短线的话，当时有个市场风口，资金介入的关注是很高的，那么题材也占了10分。一定是最火的题材，题材也会分为几个标准，最火的可能就打100分，一般的就60分等等。这是第二个。

那么第三个的话就是形态。大家知道股价上涨，如果从技术角度来讲，它会朝着自己阻力最小的方向去演变。顶部形态和底部形态完全不一样，如果真的底部形态大跌，底部形态过度了，那么这个形态肯定是最好的；如果是顶部形态，那肯定不行，肯定是零分了。形态占10分。

还有一个10分，公司业绩。ST的不做，ST的肯定是零分。如果业绩好，那么10分就满了。如果一家公司三年的业绩增速能够达到大约50%左右，那么说明这个公司不会太差，50%以下的给一个及格分。

那么再总结一下“出奇”打分机制，其实技术是最基础的，把它做到极端化，就是看K线，两阳加一阴是最简单的K线，占60%，里面又分为5个档次；第二个看题材，第三个看大势，第四个看业绩。

假如一只个股形态是几个涨停排在一起，很满的，达到5个以上，基本上60分就乘以100%，那60分就打满了。如果它的形态又做得很漂亮，又是一个大级别的底部形态，10分又加上了。又是现在最火的风口，像新能源，10分又加上了，那就80分了。业绩又好，那就90分。大势又好，趋势是向上的，那这里又10分，那这样100分的票就出来了。

我再打个比方，哪怕你第一个项目就60分打满，但是其他都不配合，你顶多就是七八十分，这个票你可干可不干。就是这样一套建仓标准，首先是选标的。

一套很实用的打分机制。

陈波：基本上我们都是严格按照这个体系执行操作。

陈旭：这套打分机制对读者是最有价值的，很多人乱搞，他没有体系，这样就有体系了，他知道拿到好牌我怎么打，拿到烂牌还打什么呢，不打了。

这套东西对于普通散户来讲是能够直接拿来执行的。

陈旭：对，那你本来就是在股市里打牌的，如果是个好牌你不打，你还干嘛？是不是？你好牌不打就打烂牌？

你们进场基本上都是围绕这个打分系统？

陈旭：这是选股标的，还有一个建仓标的，还有一个仓位管理。

仓位配置基本上还是通过打分来决定?

陈波：对。

接下来谈谈你们这套打分系统的出场时机和仓位管理。

陈旭：仓位管理的话，我讲个最简单的例子，如果你拿的是好牌，你不敢下重注，那没意义，你赚不到大钱，投资中一定要谨慎，但是你不能过于谨慎，该打歼灭战的时候一定要打歼灭战，该打狙击战的时候打狙击战，该打溃击战的时候就打个溃击战，该打主战牌的时候就主战，该回避的时候就回避。那么仓位管理分为两种，第一种守正的仓位管理，第二种出奇的仓位管理。

守正的话我说了是一个中长线的投资，因为它是一个基本面的。如果是基本面到90分以上的仓位管理，那么首先我们会进一个三成仓位，个股永远不会超过三成。

比如说我打算在这只股票最终建仓1000万，我先放300万？

陈旭：对，那么300万三成仓位我先放100万进去，无非就是两种情况，要么涨要么跌，横盘的情况很少。那么涨的话，如果是涨了20%，三成仓位你就有6个点的安全垫了，那你就继续加仓。继续再加100万，这个票我现在大约有六成仓位，那么你加进去之后又有两种情况，要么涨要么跌，我就先说涨的情况，如果你又涨了30个点，那又赚了18个点，那你基本上有大约20多个点的安全垫了，你接下来就能够自如了，这说明你这个票选对了。

还有一个情况是跌。我们考虑跌的话，比如说你建仓了三成，如果跌10%，那你就亏了三个点，就要引起充足的警惕了。如果你再亏10%，那就6个点。如果是亏了20个点，这个票我们就要引起重视，单只票亏20个点，你总仓位亏了6个点，我们就要清仓了，或者是大的减仓，这个票只能再观察。所以就是一套这样的仓位管理。

一只票建仓后能够跌20个点，说明建仓时机或者哪里肯定是有问题的，我们一定要根据市场来，不能自己想不到原因还认为做的是对的。如果我整个亏大概五六个点，虽然也能承受得起，但涉及一个止损。如果分数特别高，真的是100分，我们容忍度会稍微放宽那么一点点，但不会太多，对于分数没有特别高的，我们坚决不能容忍。这就是仓位管理，这是基本面的。

出奇我们大约配置三成左右的仓位，守正的话我们可能全仓在这一块了。比如说有一个亿的资金，那么顶多我拿3000万去做出奇，如果打100分，那么3000万有可能就全仓押了。

那么什么时候止盈止损？100分的话，根据我们的估计，它至少有50%以上的空间，不到40%以上我们不止盈。但是如果是止损的话，破了比较重要的均线，比如说100分的票破了60日线，我们可能会止损；如果是90分的，我们可能在20日线就止损，可能总仓位亏损10多个点，大约是15个点以内。

但是均线只是一个参照，一个一刀切的指标就是整仓的亏，手中仓位的亏损不能超过15个点。

“守正”会参考像破均线支撑这样的标准吗?

陈旭：守正的话不太会。守正还是以看仓位的亏损或者盈利为主。

“出奇”赚的就是一个中短期的钱，所以会考虑中短期的重要情绪?

陈旭：对。

最终止盈的时候，除了一个不低于40%的线，那么在这个线之上什么情况下会止盈呢?

陈旭：一只票如果真的赚了很多，短期之内比如连续3～5天之内它能够跌20%，可能有主力在出货，有这个可能性，我们会考虑一个止盈。

止盈的时候，也包括一些止损的时候，会考虑你们的评分体系是否发生了变化?

陈旭&陈波：对。

你们对股票的评分多久更新一次?

陈波：我们评定之后，按照评分相对应地买对应的仓位之后，这个票我们就已经进入持仓，那么我就需要跟踪，跟踪的过程就是一个动态的过程。比如说根据它的走势，我们会评估它是否符合我们的预期。如果说按照我们的预期走了，那基本上我们对它会多一点耐心，会任其自由发展。

我们选择的个股，短期有些时候爆发力还是蛮强的，尤其是在市场趋势比较强，或者是说阶段性市场环境比较好的时候，那么短期就能够跑出收益来。这个时候我们就会让它跑。

如果跟踪的这只个股没有按照我们的预期或者是说离预期还有点远，这个时候基本上就会相对谨慎一点，我们始终把风险控制放在第一位，至于说盈利多少，我们后期会按照相对应的条件去做相当的变更，但是风控这块是非常严格的。我们始终要严控风险，我说过投资中最重要的事情就是要保住本金。

有一个总体的风控，还有一个个股的风控。

陈波：对。我们对总仓位、个股配置仓位都会进行风控。我们在整个操作或者持仓过程中，会有一系列的机制去约束，会有动态的，也有静态的。这样子走下来的话，相对来说整个还是比较稳定的。

关于你们两个刚才说的这套体系还有没有要补充的?

陈波：大方向的话就是延续“守正出奇”大的思路，其实对于不同类型的个股，比如说价值型的或者是成长型的，在选股这方面我们还会有不同的思路。

刚才跟大家分享的只是我们经常用的一些思路，当然市场的逻辑并不是一成不变的，阶段性的环境不一样，这个逻辑也会有很大的差别。刚才只是跟大家分享了我们众多选股思路中相对应的几条，可能是大家经常可以用得上的。

在进场前根据“守正出奇”，把我们的对象分成两类，两类系统有不同的打分标准，然后我们再分别进场，进行不同的仓位管理。这套系统从大的方面来讲，其实你们是在寻找一种长中短期的共振，价值上来讲是长期，趋势上来讲是中期，然后情绪上来讲又是一个短期。

陈波：对。这样的话不管是长中短，其实都是为了做风控做铺垫的。

守正我们基本上是未来中长期为了跑利润的，这块收益应该来说是最大的。至于出奇这块我们会做一些高弹性的标的，根据技术层面的也好，题材层面的也好，根据产能释放带来的业绩弹性这块也好，或者是因为政策变化导致行业空间巨变带来一些投资机会也好，都是为了能够增加业绩弹性。至于做一些短期的，其实都是为了能够平滑业绩，做一些风控，这是我们一些不同的分工。

这个策略采用多久了?

陈波：我们整个基金公司已经运作好多年了。

主要在采用这个策略?

陈波：对。都是按照这个体系延续这个思路在做。

这个过程中资金的回撤目前控制在多少?

陈波：资金回撤我们基本上控制不超过10个点，这个是我们自己内部定的一些要求。不管是遇到股灾级别的，还是说阶段性比较大的回撤，我们尽可能都把回撤控制在10个点以内。

我们接下来聊一聊各种投资或交易风格，先跟我们谈谈你们怎么看待价值投机。

陈旭：其实价值投机的话，我认为应该是属于价值里面的一个体系。像现在很多人无论是趋势交易者，还是价值投资交易者，在我看来应该都是一个体系。我自己本身在价值里面滚动交易，其实滚动交易有的人就定义为价值投机，我觉得这个比较适合大部分投资者。

陈波：价值投机的话，从字面意思来看，就是以价值为基础的投机行为，它还是建立在价值的基础上，只是可能在操作的时候做一些高抛低吸，做一些波段，是这样一种投资行为。

这个市场上也不乏这种价值投机的交易者，在真正走上价值投资这条路之前，我相信很多投资者可能更多的是以价值投机行为为主，应该来说还占了不少的一部分。不管是价值投资也好，价值投机也好，我个人觉得能够找到一条适合自己的稳定的盈利的体系，这样都还是可行的。

你们怎么看待打板类型的短线情绪交易?

陈波：打板交易的话，在未来一段时间之后可能会成为历史了，因为等注册制全面放开之后，就不存在10个点的涨幅，都是20个点以上了，但是20个点以上也是涨停，但相对以前10个点的涨幅的话，20个点涨幅的波动，还有它的日内的振幅可能会越大。

像以前10个点打板进去也是我们经常去做的一个模式。那么10个点的话，当天如果波动比较剧烈，往下跌最多也就是亏20个点。但是未来在注册制放开20个点涨幅之后，一天的波动率是40个点。如果遇到极端情况，一天20个点追进去，如果说回头再跌停20个点的话，那就是40个点的跌幅了，这个是相当具有杀伤力的，也就是说你当天的资金可能一半就没有了，就腰斩了。

所以说这种行为在不远的未来可能会成为历史，这个也是在特定时期特定的一种交易手法，是以情绪为主导的快进快出的一种行为。

当然在以前中国市场相对不是那么成熟的背景下，打板交易应该还是相对比较有效的，从收益层面来说也是一种高效的投机行为。因为如果是以做短线为主，肯定就是做市场上最强的，最强的无非就是涨停，所以这种在以前应该还算一种高效的交易手法。但是随着未来中国市场越来越成熟，波动率越来越小，再加上涨跌幅的放开之后，未来它可能会成为一种历史。

陈旭：打板交易的话可能适合极个别投资者，但是绝大部分投资者我建议是不要用，因为它里面存在的波动是非常剧烈的。拿我们自己来说，其实我们体系上也有打板这个体系，但是基本上一年的时间难得用那么几次，如果是非常符合我们的模式，会打板，但是对他们整个要求是特别高的。我们也是建议投资者，不是说去排斥，但是没有很大把握的话，不要轻易去碰它，毕竟波动会特别大，对心态对各方面的影响也是非常之大的。

你们怎么看待通过股票来做日内T+0这种交易模式?

陈旭：其实这是归属于量化的一个类型，像量化投资在国外基本上已经很流行了。因为国外是没有涨跌幅限制的，所以T+0有它的一个历史土壤。而国内的一些投资份额，或者说国内一些特定的因素，有了T+0的一些限制，当天不能卖出，有涨停限制，虽然现在开放了一部分，创业板20%。我觉得在国内人工做T+0可能反而得不偿失。为什么？因为国内外的土壤是完全不一样的，我们一定要考虑到，这是第一个。第二个的话人性的角度，因为中国人的赌性太强了，T+0绝大部分人是做错的。

但是现在慢慢地已经有很多软件类的机器类的T+0，如果是这样的话，我觉得可以去关注一下，但是自己本人或者员工去做的话我不建议做。

陈波：T+0交易在量化上面用得比较多。有些投资者可能也会做一些滚动的T+0，当然最重要的还是在量化上面的运用。T+0这块在未来可能会是一个趋势，因为中国现在还是一个主观交易为主的市场，现在我们不管公募基金也好，私募基金也好，还是个人投资者也好，基本上都是以主观交易为主，现在量化在中国还处于一个起步的阶段。

但是我相信随着市场的成熟，慢慢地跟国际可能会接轨。我们都知道国际市场上基本上百分之六七十的机构都是量化型的，主观交易应该来说只占了一小部分。但是中国现在恰恰相反，现在主观交易应该占了百分之八九十了，量化可能只占了百分之二三十的比例，所以我觉得这是一个大的趋势，中国这种主观交易的比例和资金未来可能会降低，量化策略应该会慢慢提高。

这是为什么？因为现在这个市场我们都知道，已经慢慢进入到比较成熟的一个阶段了，也就是说中国A股市场的波动率会越来越低，不像以前那种大开大合，是波动非常高的一个市场。现在大家也可以感受到，每天的波动基本上是比较窄幅的波动，不像以前每天暴涨暴跌，那种可能性现在慢慢地会越来越低了。所以说在波动率低的背景下，很多资金可能会考虑在日内去做一些T+0的交易，不断地去滚动交易去降低成本，这种可能性应该是比较合理的，而且应该也是个趋势。因为波动率降低的话也就意味着什么？也就意味着很多个股包括指数，包括市场，可能都是走慢牛的一个形式，那么很多资金在短期内做出高额利润的可能性是很小的，只有靠时间去沉淀，才有可能做出比较可观的收益。

那么在这种背景下，很多资金可能会选择在日内去做一些T+0，以达到增强收益的目的。所以说未来的这种量化策略会更加普遍。

所以我们公司也在逐步地往这方面去研究，也准备组建团队在量化T+0这块去做一些准备工作，以备未来市场的变化，以更好地去保证业绩的稳定增长。

很多人会把市场的情绪作为一个重要考量因素，你们觉得有哪些方式能够用来辅助判断市场的情绪?

陈波：首先我觉得像融资额度，还有一些就是每日的涨跌家数，这都是衡量市场短期看涨或看跌情绪的指标。当然还有每天资金的净流出和净流入，这个也是衡量市场涨跌情况，或者是说每日情绪的一些指标。

市场情绪的话，我个人觉得大家不必太在意这一块。如果你太在意短期或者是说一段时间的市场情绪，那么你很有可能会陷入不断地被市场所牵引的短线操作的思维里面去。一旦陷入这种思维，其实你个人的投资行为可能就已经发生改变了。

我们来到这个市场，未来最有可能真正走出来的，应该还是一个投资的行为。如果说陷入到投机这一块去的话，我觉得就偏离了轨道，偏离这个方向了。所以我觉得市场情绪可以关注，但是不要太考虑它对短期股价或者对于自己心态方面的影响，这是我个人的一个看法。

陈旭：市场情绪比较有效的衡量方法，我觉得三个指标，第一个指标就是资金流向，每天有一个外资净流入净流出的比例，这一块是很重要的。因为大家知道外资是最敏感的，很多资金也是跟着外头跑的。

第二个的话就是门户网数据。市场情绪除了外资的话，第二个是游资，那么一些知名游资的交易席位相对是比较固定的。基本上门户网数据每天都会有，也是市场情绪的参考点。

第三个的话就是我们大家常看到的涨停板家数，其次就是跌停板家数。

通过这三个数据的对比和综合考虑，我觉得基本上能够很客观地反映当天市场情绪的程度，这个是比较客观的。短期情绪我们不会太在意，但是中长期市场的氛围，其实也是我们打分机制，或者说我们量化模型的一个考虑的点。

除了在走势达到你们止损止盈这两种标准之外，还有什么情况下你们已经进场的仓位可能离场?

陈旭：这个也是我们之前遇到的问题。会有什么情况，那就是市场天翻地覆了，出现了那种极端情况。

比如说在2016年1月份，基本上是股灾的时候，我们是躲过了。2016年元月之后，没办法，政策有天崩地裂的一个现象。我清清楚楚记得，当时在2016年的1月4号开盘，上午我们的票还是相对能够接受市场的考验，大部分是基本面一些高分数的价值股。当天我记得上午还涨了，但是已经超过1000只个股跌停，即使我们当时还是红的，但是我们不管那么多，这种极端情况下已经严重了，因为政策的失误引起了这样一个流动性的紧张，我们基本上就要空仓了，虽然我们的票最后涨回去了，但也是两个跌停之后才涨回去的。幸亏我们的票因为价值，因为高分数，属于我们有把握的价值投资股，基本上天崩地裂的时候还能扛得住。

这就是我们会考虑的，在市场最为极端的情况下，我们会考虑止盈止损，类似这种千股跌停的话很吓人的，谁也不知道接下来怎么走。

像判断市场的极端情况，你刚才讲到千股跌停的问题。可是在牛市的中段，某些交易日往往也会出现这种情况。

陈旭： 这个问题我们也遇到过，像牛市中的话，它也会有单日的大阴线，但是单日的大阴线其实很少引起这种千股跌停，至少我们没怎么见过。可能有比如说题材板块集体下跌，可能上百股跌停，就是这个板块或者两个板块跌停，但很少出现这种千股跌停，很少。因为既然是牛市，哪怕指数跌停，它也不会引起像熊市或者是股灾那种全线跌停，至少还是有一部分的活口。

最典型的就是在2020年疫情的情况下，我记得春节前疫情就已经陆续出现了，但是没想到春节期间疫情严重加速了，武汉直接是封城了，这个影响是非常大的，开盘就引起了整个恐慌。但是那样的情况下都没有几千股跌停，可能就是几百股跌停，没有全线跌停，就是说前期炒作越热的可能阻力越多，但是我估计不到1000只股。

陈波：从不同仓位的配置层面来看，我们整个仓位是一个组合，也有不同风格的资金在里面，有的是价值型的。那么这种资金布局的话，我们更多的是一个中长线的布局，除非公司基本面发生巨大变化，或者是买入的逻辑发生改变了，我们才会去考虑止盈，平时更多的是中长线持有的一个策略。

止盈的话，可能更多是在一些短线层面，在这种本身就是短线策略的个股上去做一些止盈。如果拿整个仓位来说的话，我们三成左右的仓位可能会配置在弹性比较大的个股上面。在这种弹性比较大的个股层面上，我们更多是追求一种中短期的收益，那么预期也是以这样的一个收益目标去设置去布局，如果说它短期涨幅比较大，达到了我们的止盈目标，我们肯定是会逐步地离场，这个是按照既定的策略去执行的。

另一方面，中国A股市场很多个股行为，它更多可能是一个局部的主线或者是非主线的行为。如果是主线的话，那么这个板块可能更多的会有资金的共振，整个领域可能都会比较强势。如果是非主线，那么阶段性都会比较弱势。在这种背景下，我们更多地会关注情绪的变化，因为在这种背景下，有时候一天之内或者一个星期之内，它这种波动是非常之大的。尤其是在追求高弹性的背景下，它收益越大的话，必然风险就越大，风险敞口就越大。所以说在这个背景下，我们也会去观察市场的情绪，就像刚才陈旭讲的，我们会观察大的环境是不是出现了这种比较极端情况，或者说处于阶段性震荡比较剧烈的一个阶段。这个时候我们会去考虑市场的情绪，去做一些波段，这也是我们考虑的一个因素。

整个仓位去做一些调动的时候，我们也会去考虑一些高弹性个股短期仓位高低的调整，我们需要根据整个净值或者一些风控的要求，我们会去做一些平滑，那么在仓位的增加或者是减少这个层面也会去做一些改变，这个也是我们止盈或者止损的一个判断依据。

所以总体而言，止盈的话，它在机动仓位这块可能会更加灵活一点。这就是我们操作的大致情况。

陈旭刚才说，根据市场的情况，虽然没有触及你的止损，也没触及止盈，但是你会在某些极端情况下离场。假设你离场之后，发现市场极端情绪其实只是虚惊一场，你还会再恢复你原来的仓位吗?

陈旭：如果是空仓的话，出现了止损或者止盈，最后证实是虚惊一场，趋势已经确定了，我们会适当地进一部分，但是不会太多，不会恢复原来的仓位，因为毕竟成本可能要高很多了。

但是这有一个前提，按照我们的模型我们对这个标的非常有把握，说白了，分数很高的我们会进，但是如果是那种不是特别把握，分数也不是特别高的标的，我们就不会进了。

本来是你们认可的标的，因为一个极端情形你们离开了，后来发现虚惊一场，就算是很看好的，也不会再进那么多的仓位，是不是意味着你们宁可错过它还有可能再继续大涨的后面的利润，也要保持一种谨慎，是这个原因吗?

陈旭：可以这样说，如果是高分数的，我们可能宁愿成本拿高一点也还会进一点。但是像刚才你说的，大部分不是特别高分数的，比如跟我们的模型只有95成以下相似的话，我们可能就宁愿错过了。

做价值投资，会把价格走势对新闻的反应作为考量吗？比如说你们持有的股票，各方面都很好，打分很高，某一天这家股票出现了重大利好新闻，但是价格几乎没有反应，这个时候你们会怎么做？

陈旭：虽然我们做价值投资，大部分可能就是中长期地持有，但是股票的新闻我们每天都分析。在我们看来，一般的新闻对股票没有多大影响，但是产业变革的新闻我觉得可能会有很大的影响。

我举个例子，比如说大家应该知道像电池的补贴，以前补贴给磷酸铁锂电池，后面国家为了扶持能量密度更高的电池，直接补助到三元锂电池，那么直接影响了电子行业的整个格局。宁德时代之前布局三元锂电池默默无闻，就是因为受这一个新闻的影响，这一个政策的影响，因为它最先能够得到政策的红利，一跃成为本土老大。

我再举个例子，比如说光伏这一块，光伏最核心的上游叫做硅片，分为两种，一个单晶硅，一个多晶硅。单晶硅的转换效率更高，可能更符合我们中国国情。在化学活性方面，二者差异极小，之前大部分都用多晶硅，但是国家的政策突然倾斜到单晶硅。隆基股份是全球单晶硅和组件的最大制造商，现在所有人基本上都熟悉了，但是以前真的没人知道，就是因为受这个行业一个变革性政策的影响。默默无闻一直深耕了很多年的单晶硅，在不起眼的一个领域不断地在做，因为国家政策的倾斜，一下子就占领了市场，一下子就获得了极度的发展，成为了“光茅”（光伏中的茅台）。

但是有的新闻，如果不是颠覆性的新闻，比如说上市公司签订什么合同，如果不是那种变革性的，对我们是不会有多大的影响的。整体来说，新闻我们每天都在看，但是我们会分析这个新闻到底是一般的新闻，还是真的能够颠覆行业技术革命的，或者说政策红利的大幅的倾斜行为，这两个新闻是我们非常关注的。

还是要能够触动你们价值判断根基的，如果触动不了，就算是重大新闻，比如说可能盈利明显超出预期，但价格却没有明显上涨，你们就不会把它作为重要考量。

陈旭：是的，不会。

陈波：我们买入卖出的标准的话，不是以消息为依据。当然消息对于公司的影响在业绩层面有多大，我们会去衡量去研究，但是我们不会以消息作为买入或是卖出的标准。

我们每天会跟踪这个行业，包括宏观、中观、微观这方面的消息，我们也会重点从其中挖掘或者寻找一些机会，尤其是一些在政策层面的改变，对于整个行业会有阶段性或者未来会有巨大影响的，对未来的行业空间会有很大冲击的，这类消息我们可以去重点关注。

比如说像ETC，以前都不需要装ETC的，但是突然政策颁布要普及之后，对整个ETC这方面的零部件设备的供求就起到很大的增量作用，对相关上市公司造成了很大的阶段性影响，创造了未来的波段性的大机会。比如，2019年5月28日，交通运输部发布ETC政策《加快推进高速公路电子不停车快捷收费应用服务实施方案》，给万集科技带来阶段的大的投资机会。

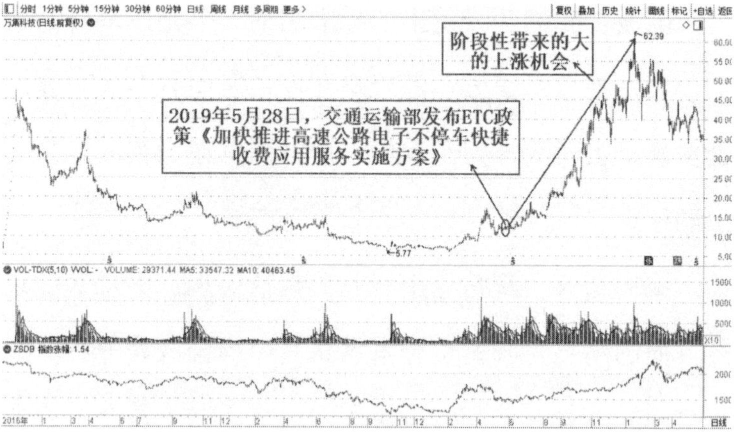

图1　万集科技日线图

另一方面的话，像去年疫情对疫苗行业的影响，对整个医药行业的影响，这也是一个突然的事件，或者说一个消息，导致对整个行业阶段性的比较大的冲击，这种冲击会影响到整个行业，甚至对个别上市公司未来几年的利润都会有很大的影响。非常典型的就是口罩，振德医疗大家可以看一下，在2020年就走了接近10倍的涨幅，就是因为疫情下口罩供不应求。

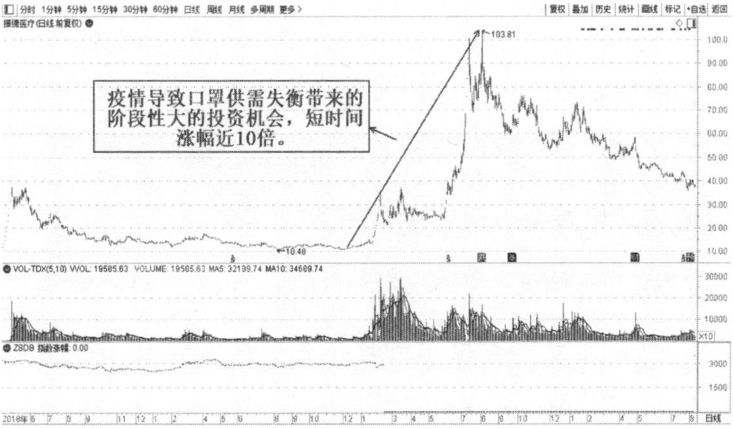

图2　振德医疗日线图

这种消息就是我们要去重点研究的，因为行业政策对于整个市场带来的巨变而产生的机会，我们需要去重点关注，而且一旦这种重大消息出来的话，对相关个股甚至相关行业，会产生阶段性暴利的机会。这个也是我们在整个投资体系里面选股的逻辑，我们每年都要重点从中挖掘一些机会。

接下来分别跟大家谈谈，一些基本的交易计划、写交易日志、投资复盘等每天的基本功该怎么做。

陈旭：第一个，当天有什么重要的新闻，自己要做一个日记。每天新闻和政策肯定要自己做个摘要，不一定要多，但是每天最好记录一下。

第二个的话，产业变革的信息，这个是非常重要的。因为大家知道这个世界很多东西都是在不断变化的，尤其这些产业的信息，像最近一直比较火的光伏这一块，其实应该是从20年前就已经开始火了，中间起起伏伏，造就了很多中国首富。光伏行业基本上三年造就一个首富，这些人三年之后变成了“倒数首富”。为什么这样说？其实就是因为光伏产业技术的不断革新，很多东西会对成本、效率还有各方面产生很大的影响。产业的变革新闻，如果有的话每天一定要关注。

第三个，我觉得这个是很重要的，也是我非常喜欢看的，之前说过每个行业其实有它的“茅”，有“光茅”，也有“汽车茅”，还有“电池茅”等等。每个“茅”说白了是行业内各个领域的龙头，这些龙头不难找，有个板块里面已经给大家整理了大约55只行业龙头。你一定要关注这个行业龙头的走势，如果没有特别的话，我觉得可以大致看看，但是如果特别的话，比如说早期的很强势，或者短期的很弱势，或者说有一段时间很强势，有一段时间很弱势的话，这个需要引起注意，因为一个行业龙头的走势可能往往是这个行业异动的前提。因为大家知道，一般龙头是最敏感的，是先行者。关注各个行业的龙头，看它是否有异动这是第三点。

第四点，资金的流向是非常重要的。因为资金的话水涨船高，资金如果长期流入一个板块，那么这个板块肯定是当下或者是未来有强烈的增持预期的。资金如果经常是流出一个板块，或者说这个板块没有资金流入的话，那么这个板块可能没有多大机会，或者说确确实实以后的预期并不强。那么像北上资金，像龙虎榜数据里面的机构资金，都是非常重要的。我们也关注了这样的数据，现在有时候个股在低位，突然出现了大的阳线或者怎么样，通常有些阳线是有很多机构在买的话，基本上很多客户有翻倍的机会。所以投资者需要去看资金的流向，尤其像北上资金，龙虎榜里面一些机构的资金流向，这是第四点，这也是我们每天笔记里面的内容。

第五点，不容置疑，自己经常关注的板块或者关注的个股，他们是不是有这样的新闻，或者说有一个变革性的消息。如果有时候它突破了一个核心的技术，或是它的成本能够降到很低，或者说是市场占有率能够一下子很高，那么我们肯定会对这只个股的估值重新进行评估。

陈波：我补充几点。对于个人投资者，要懂得聚焦。聚焦是什么意思？现在是一个信息泛滥的时代，大家一天收到的信息几百条、几千条甚至几万条都有，那么在这些信息的汪洋大海里面，如果说一味去关注太多的信息面，没有目的性地、无的放矢地去看的话，其实也没有太多的意义，因为不知道哪条是真的，哪条是假的，也没有时间去深入分析这些信息到底能够对相关行业及上市公司带来哪些影响。

所以说要懂得聚焦，聚焦就是大家重点去关注某些领域或者某几个领域，在这几个领域里面去做好相关的深入研究，我觉得这种可行性更大一点。因为现在股票的数量已经是越来越多了，在注册制推进的背景下，一年几百只股票发行，未来到四五千只很正常，甚至是上万的数量也很正常。那么在这个背景下，我们复盘的难度也越来越大了，每个人每天如果说要把所有的股票复盘完的话，这个需要相当长的时间。所以说这种其实是不高效的或者是漫无目的的，最终下来可能收益很少。

懂得聚焦，自己重点跟踪几个比较熟悉的，就是大家尽可能关注未来有可能产生牛股或者是产生牛股最多的几个方向，在这个里面去做深入研究，找到一些机会，我觉得这种最终把握到机会的可能性更大一点，也就是我们经常跟大家说的，钓鱼要去鱼多的地方钓。

首先我们找到几个产生牛股多的板块或领域，在这几个领域里面去做深入研究。那么很多人会想，哪几个领域可能会是长牛或者是大牛股诞生的板块或领域？其实也不难去回答这个问题，因为我们可以去借鉴国际市场的一些经验，通过巴菲特的持仓我们也可以看得出来。

巴菲特今年的股东大会刚刚开完不久，我们可以看到他公布的持仓情况，基本上2000多亿资金，他买了1000多亿的苹果，400亿的美国银行，还买了200亿的可口可乐，200亿的美国运通，那么这4只个股的持仓情况达到了他总持仓的70%，也就是说他的资金基本上集中在这几个领域，4只个股占了他70%的总仓位。

其实我们不难发现这几个领域都是哪些领域。第一个科技，美国的主导优势产业，苹果占了50%的仓位，还有25%投到可口可乐、运通这种消费股，还有25%投了服务性行业。那么我们概括总结下来，第一就是美国的主导产业科技，第二个是消费，第三个是银行，其实无非就是这几个领域。

那么对应到中国的这些板块，第一方面消费，也就是大家经常买的食品饮料白酒这些，一些日常的消费领域，这个领域是容易诞生大牛股的，像国际上也诞生了非常多的像可口可乐、喜诗糖果这种超级大牛股。中国人口更多，比美国的3亿人口多了4倍，所以中国消费人口、消费基数、消费潜力更大，也就是说诞生牛股的可能性也会更大。所以说这个领域大家可以作为重点去关注，假设10只里面有5只走牛的，我们买入牛股的概率就是1/2了，但是如果我们在一个板块里面，10只个股只有一只能够走牛，那我们买中的概率就只有1/10了。

所以我们要在容易诞生牛股的板块或领域里面去找，去挖掘机会，而不是漫无目的地所有的信息或者是行业板块都去跟踪，这个是不可能做到的。不但个人不可能做到，现在整个机构也很难做到这一点，机构也是重点行业重点跟踪，有些行业可能关注度很少，所以对于我们个人投资者而言更是如此。

除了刚才讲到的消费这个领域之外，还有主导优势产业，美国是科技，中国是什么？我相信在当下经济转型的背景下，我们的科技慢慢地也会越来越强大，中国我相信也会诞生像苹果这样伟大的公司，具体是哪个就需要大家去深入研究了。但是我给大家提供一个方向，就是中国的新能源汽车这块应该还是蛮有潜力的，因为中国的新能源汽车经过多年的发展之后，应该说整个生态在全球是最强的了，我们的宁德时代现在也到了9000亿上万亿的市值，它也是从一个几百亿规模的企业，成长到现在接近万亿，成为新能源汽车电池的龙头，电池相当于汽车的动力。未来新能源汽车这个领域会不会在中国实现弯道超车，我觉得这种可能性还是蛮大的。在美国是以苹果为主导优势产业，新能源汽车这个领域，如果说成为中国的主导优势产业的话，我相信这里面的龙头公司也有可能成为伟大的企业，所以说这个是大家可以去重点关注的一点，我这里只是抛砖引玉给大家提供一个思路。

那么除了科技之外，还有什么？还有银行，巴菲特买了400亿的美国银行，中国的银行是哪个？我相信中国的银行业应该也会诞生一两个像美国银行能够长期走牛的机会出来，大家也可以去关注。其实已经有了，像我们的招商银行股价非常强势，当然未来是否继续强势，这个也待大家继续跟踪，但是中国已经有这样的一个趋势了，所以说这个也是值得我们去关注的。

总体而言，我们通过国际成功的投资大家，去看看他们的投资分布方向，也去相对应地找到我们国内的一些方向，这样有目的性和方向性地去做一些深入研究的话，我觉得成功的概率要大很多。如果说大家每天要去做什么事的话，我觉得先找到目标，先找到方向，然后再去做。这就是我的思考。

面对市场的大起大落，还有交易中这些不确定性，你们有没有什么好的办法去进行心态和情绪的管理?

陈旭：我自己最有效的一个方法就是通过自己的仓位管理来调节自己的心态与情绪。其实有时候仓位管理不是说让你赚多少亏多少，不是这样的，仓位管理说白了，就是让你能够平稳地渡过市场的起起伏伏，比如跌的时候能够让你少亏一点，涨的时候尽量让你能够多赚一点，我觉得这样对于每个人的心态会是一个很好的调节。虽然这是很难实现的，但是如果能够做到，从仓位管理这样去做的话，我觉得是一个好的情绪管理办法。

陈波：说实话，心态我个人觉得源自于你对市场的认知和研究的深入度，如果说你对这个公司或者对企业研究得越深入，其实你自己持有的这种信心也越强大，这样自然而然你的心态也会更好一点，哪怕短期市场出现一些情绪化的波动，但是只要大的逻辑没有改变，其实并不会对心态造成大的影响，很多时候跌下来反而可能是比较好的加仓机会。

我们要懂得不要去刻意回避情绪，我们可以去利用情绪，说实话，没有一些黑天鹅或者是一些大的情绪对于市场和个股的影响的话，很多好的个股其实很难跌下来。

大家很多时候可能会怕下跌，但其实很多时候超额收益源于大跌，尤其是股灾期间，因为只有在大跌背景下，很多个股才能够买到合理的估值，而且越是在下跌的背景下，越能够做出超额收益。

所以面对这种市场的波动，我们不要感到恐惧恐慌，就像巴菲特所讲的，我们要正确地看待恐惧和贪婪，不要去回避它，而是要懂得去利用它。总体而言就是要始终保持一个乐观的心态，我相信不管是中国也好，还是全球也好，整个经济应该是螺旋震荡式往上走的，比如说疫情影响或者是一些地缘政治影响导致阶段性出现一些波动，我觉得这个是非常正常的。大家去看看历史上从1929～1930年开始美国股市的走势，可以看到其中出现了很多的大事件，包括石油危机，几次大的战争，包括总统遇刺、总统丑闻等等，这些大的事件都没有阻挡美国股市大的上升趋势，而且每次大跌之后修复又继续创新高。中国市场我相信未来也是这样，大的时代趋势形成之后，它不会因为一些短期的负面影响，比如说疫情或者一些短期经济波动，而出现长期不振，或者是说改变整个趋势的问题。所以大家要懂得利用市场的这种负面情绪，这是我的一个思考。

眼光还是要放长远一点。

陈波：对，放长远一点，保持乐观的心态。

你们怎么看待投资或交易中的低谷期?

陈波：我觉得低谷期可能是不可避免的，我们生活中也是如此，人生不如意十有八九。所以首先要摆正好心态，买进去短期不涨是很正常的，买进去短期涨可能因为比较幸运。投资这个市场，第一保持好平淡的心态，第二就是眼光或者格局可以放大一点，不要太在意短期即时的满足，要懂得滞后满足，太过于急功近利的话，会造成浮躁的心态，或者说很难真正去把握一些大的机会。

陈旭：其实低谷期每个人都有的，这个是非常正常的现象。经历了低谷期，我觉得更多的应该是自己心态的一个整理，以及自己体系的完善。其实低谷期有时候可能会让自己更加冷静，更加有时间去做一些事情。大家知道自己最顺的时候，可能是疯狂去做某件事，可能反而没时间了，低谷期是不缺时间的。所以低谷期怎么根据自己的实际情况，把不利变成有利，这个是要去想的，因为每个人都会遇到。

对于构建自己的交易系统，能不能给大家一些建议？

陈旭：交易系统的话，我觉得第一个就是要能够经过市场的考验。第二个，要能够最有效地执行，虽然说不能100%执行，但至少要能够简单地执行，执行力度一定要够强。第三个的话就是交易系统能够灵活，不是转变，是你能够在里面去不断地去修正，不断地去升级。

陈波：没错，一个交易体系的话，首先要能够接受市场的考验，它能够真正做到有效性。一个真正成功的投资，我觉得应该要做到三件事，第一是要能够跑赢市场，第二是能够获得绝对收益，第三就是投资能够解决问题，这才能算得上是一个成功的投资。如果说你只做到了跑赢市场但不赚钱，这是不行的，还要能做到绝对收益；又比如说赚几十、几百块钱，也没有意义，解决不了问题，最终它要能够解决问题，这才是一个成功的投资。

第三部分

投资与生活

很多人进入到这个市场，可能更多是亏钱，甚至几年之后、十几年之后都不赚钱这样一个境地。所以从可持续发展的角度来说，首先要有一个稳定的收入，这样才能够支撑你进入到投资市场，因为投资需要本金，如果没有稳定的收入，本金都不可持续的话，那么投资是很难持续的。所以说一定要有一个稳定的可持续的收入，那么在这个基础上，我们再去用闲钱进入到这个市场，然后再不断地学习，再形成一个自有的体系。

交易日典型的一天日程大概是什么样子？

陈旭：其实我相对还是比较自律的，每天早上基本上6:00就起床了，这也是给自己的一个闹钟。其实闹钟定习惯了，无论睡得再晚，基本上6点左右自己就起来了，最晚也不会超过6:10。起来之后如果状态好的话就跑步，跑一个小时，要么就小区里面走一走7点吃饭，基本上8点多一点点就可以到公司。

我们是8:30上班，上班之后，整个团队就会把每天的新闻，或者我们关注的一些行业新闻做一个汇总，8:30～9:00开半个小时这样一个晨会。9点以后基本上就慢慢进入交易的时间，直到11点。11点之后就吃饭休息。

午休睡半个小时，这个很重要，毕竟我可以不吃中饭，但是一定要午休，午休是上午和下午的承接，睡觉之前会想想上午的一些事情，或者是旁的一些事情，那么都会很清晰，下午的话也能够更有精力地去应对。

下午1:00～3:00，交易时间。3点以后，3:20～4:00左右，就是每天的一个总结，我觉得总结也是很重要的，无论是当天的操作总结，还是说一些新的总结，都是有必要的。4:30开完会之后，自己或者团队会做一些自己的交易笔记或者会议记录，基本上就是到了6:00了。6:00～7:00，我们在公司吃饭。

8点以后，如果当天有一些情况，我们会加班，8:00～10:00是一个加班期，有可能会开会，但是加班其实不是固定的。如果有一些突发事件或者一些重要的客户，有这样的一些情况需要进行探讨，我们会加班，如果没有的话，8:00就下班了。广州这边睡觉会比较迟一点，我们基本上12点多、1点睡。但也没有太晚，不会超过1点，基本上最极端是1点。

周六日还会看一些相关的新闻吗?

陈旭：周末是这样子的，主要是两个事情分开好，一个是生活，一个是工作。

工作的话是跟同行业的交流，像我们广州这边，私募和同行是特别多的，我们经常会进行交流，有研讨会或者聚会这种，一些公募基金或者券商也会组织一些研讨，如果我们觉得有必要的话，比较重要的我们都会参加。

周天的话更多的是跟家人一起，可能就是出去走走，户外爬爬山。广州有一个比较好的山可以去，白云山，又不高，挺好玩的，环境很好，一家人或者自己去健身这样子。

其实交易占生活的时间还是比较大的。

陈旭：对，交易基本上占时比较大，我的工作时间是比较长的。

但是听起来你能比较好地平衡这两者之间的关系。

陈旭：平衡的话，我觉得更多的还是一个沟通，无论是跟自己沟通，还是跟家人的沟通，这个是非常必要的。如果真的沟通好了，我觉得很多东西还是可以平衡好的。

陈波交易日的日程是怎样的？

陈波：应该还是比较有规律性的，这么多年来形成了自己的做事风格。

早上起来之后会看看国内外新闻，浏览一下有没有一些对行业、对整个市场有重大影响的事件。

到公司的话，基本上就进入到正常的工作日程，每天早上会开研讨会早会，就分析一下持仓情况以及当天的一些重要事件或者消息，对盘面的一些看法，做一些探讨。9:30基本上就进入到交易时间，交易时间的话，我们的整个操作频率相对比较低，除非一些机动仓位可能需要定期做一些调整，大部分的持仓情况还是比较稳定的，所以说在交易时间基本上还是以研究为主，比如看一些研报，还有一些新股的招股说明书，主要是做研究为主。因为除了需要跟踪自有的持仓之外，我们还需要去寻找市场的一些机会，所以每天的研报、招股说明书、整个行业动态这些我们都还是会关注得比较多一些。因为这个市场是一个变化非常快的市场，尤其是产业这方面的变化，都是需要我们动态去跟踪的，所以这方面的研究工作在白天花的时间比较多一点。

那么收盘之后基本上就会进行简单的休息，比如说打球放松一下，有利于一天紧张情绪的缓解。后面的话就会进入到公司正常的每日收盘的总结会议，有些时候也会给我们客户对于当下行情和盘面情况做一些解读，这个是我们每天工作的过程。

工作之余的话，我个人比较喜欢去运动。说实话一天高度紧张的工作日程下来，身心还是比较疲惫的，每天运动是我这么多年一直坚持下来的。很多人觉得运动可能很费时间，但是我个人觉得它是非常高效的，反而有利于你的工作，因为运动之后大脑往往会清醒很多。做投资首先要保持好的心态，保持思路的明确和头脑的清醒，所以我觉得运动是必不可少的。如果说长期高度紧张，很多时候可能会导致你整个判断、分析出现比较大的问题，也不利于你整个心态的稳定。我发现身边很多做投资的人都比较喜欢运动，所以我个人也是这么多年一直坚持。

到晚上基本上自己会看看书，也会复复盘面，对于一天的工作也会再深入地去做一些思考，这个环节我觉得还是很有必要的。工作之余一个人的深入思考是很重要的。有很多想法，或者一些机会的挖掘，很多时候不是在工作时间发现的，而是在你深度思考的过程中发现的，那么这个阶段我觉得是一个非常好的自我净化自我总结的过程。

基本上一天下来的话大概就是这个样子。

晚上一般看什么书？

陈波：看书的话，除了研报之外，我还会看国内外一些比较畅销的书籍，基本上每个月或者是每一段时间都会有，思想类的比较多。

平常会看跟交易有关的书吗？

陈波：以前看得比较多，现在相对来说看得少一点，因为很多以前都阅读过，当然看过的也会再继续拾起来看一看。因为看第二遍看第三遍可能感受会不一样，或者是过一段时间再去看的话，可能又有新的心得，所以说也会看一看。

有没有哪本书印象比较深刻?

陈波：印象比较深刻的其实还是《巴菲特致股东的信》，这个书我其实看了好多遍，每看一遍心得体会都会有所不同。巴菲特的投资哲学能够经得住那么长时间的考验一定是具备大智慧的，那不是说你看一遍书就能够获得的，看10遍看100遍可能还不一定能够获取到多大的智慧，所以我还会不时地去看一看，不断地去吸取一些养分。

陈旭平常看书吗？主要是看什么类型的?

陈旭：我是看哲学类、历史类的，还有股票类的，那么我给大家推荐几本书好不好？有的书我至少看了10遍了。

股票类的有一个张磊的《价值》，我觉得大道至简，每读一遍都有不同的感悟。也推荐其他朋友去看一下，可能对整个心态、整个交易体系的构筑都有很重要的影响。

第二个，《大转折：决定中国命运的700天》，这本书是邓贤老师写的，他主要写1945年国共谈判破裂之后，我们的毛主席和国民党的蒋介石之间，这样两个巨人的思想、整个战略的一个交锋，为什么中国共产党能够在短短的700天之内实现大转折，最终取得胜利。这个其实对我们很多投资者也是非常具有参考价值的，因为投资者都希望自己有一个从小变大的过程，然后机构也是。其实我们做资金跟带兵打仗一样，更多的要有战略的格局，这是非常重要的一个事。

哲学类的说实话我看得比较泛，但是有一本可以推荐给大家，王阳明的《知行合一》。王阳明其实他自己没写书，很多人围着他写书，他的一些思想，像知行合一，我觉得比较适合在A股的投资者朋友们。他有一句典型的话，意思是说，心中有光明，世间皆光明，这个真的是很重要的。投资也是，投资的本质基本上就是这样的，我们要光明正大，不要去想着走各种弯路。因为只有光明的地方才能让你走得更加远、更加实，你走其他路的话，可能反而受到更大的伤害。

除了运动、看书，还有没有适合交易者的其他的生活习惯？

陈旭：其实每个人习惯不一样，我觉得如果有一个习惯能够使你心情平静，我建议你坚持去做。比如说我还会养鱼，有时候一个人喝杯茶，看着鱼缸里面的鱼在游动，也会使自己心情平静。或者说有的人想跟家人在一起，或者跟朋友聊天，或者和一个前辈学习聊天，使自己至少能够有底气，思维可以变得更加平缓。

其实还有一种方法，就是喝茶，广东省在经商领域的人头脑是非常灵活的，像潮汕人有一个典型特征就是喜欢喝茶，他们喝茶更多的是朋友之间在一起进行交流，使自己更加从容更加淡定。

你们觉得对于非证券从业的普通交易者来说，是全职做交易好，还是兼职做交易会更好?

陈旭：这就看自己的情况。普通交易者如果是做价值投资的，我觉得兼职全职问题都不是很大，但是有的人喜欢去搞情绪，或者是喜欢去搞短线经常折腾的，首先我是不建议他这样做，偶尔搞一搞没问题，我自己在一年中也会动几次，也会有几次这样的交易，但不会轻易去搞。像有的人经常这样搞的话，即使做兼职他自己的工作也是做不好的，我见过很多案例。全职说实在的，更加做不好，他没有收入来源，如果他不能稳定盈利。

所以我建议还是要根据自己的实际情况，如果是做全职的话，那么也无可厚非，但是一定要形成自己的稳定系统；那么做兼职的，做价值投资能够稳定盈利，也是没问题的。

陈波：普通投资者做交易的话，其实没必要全职。

很多人尤其是很多刚入市的投资者都想着，我辞掉现在的工作，全身心投入到证券研究这块，其实说实话这是不可取的。

从未来可持续发展的角度来说，我觉得做投资首先不要想着进入这个市场就能赚到钱，不要太高估自己，当然也不要太低估自己。很多人就是抱着我进入这个市场就能赚到钱这样一个心态，其实很多时候往往是相反的。很多人进入到这个市场，可能更多是亏钱，甚至几年之后、十几年之后都不赚钱这样一个境地。所以从可持续发展的角度来说，首先要有一个稳定的收入，这样才能够支撑你进入到投资市场，因为投资需要本金，如果没有稳定的收入，本金都不可持续的话，那么投资是很难持续的。所以说一定要有一个稳定的可持续的收入，那么在这个基础上，我们再去用闲钱进入到这个市场，然后再不断地学习，再形成一个自有的体系。

很多人想着辞职全身心投入这个事，也没有必要。很多人说我不辞职，我哪有时间精力去研究这个市场，因为可能一天的工作都占了大部分的时间。其实很多时候他不是真的去研究市场，很多人觉得他就是没有时间去看盘。说实话看盘的意义并不大，在工作过程中，哪怕你不是证券这个行业，你是其他的行业，你是其他的工作，其实都有很多的时间可以去学习关于投资的知识，比如说业余时间或者是周末，或者是晚上，我们都有大量的时间去看书去学习怎么样去投资。这样有一个稳定的工作，然后自己再去学习投资的知识，反而更有利于领悟到投资的本质。

如果你放弃工作，全身心地投入到证券市场，每天花大量的时间精力去看盘面，其实浪费很多时间，还不如你去工作，去做一些其他的事情，我觉得这样更有意义。所以我不建议全职去做这一块，除非你是这个行业的工作者，那没办法，我的工作本身就是做好这方面工作，所以我一定是全身心去做这个事情。如果说本身非这个行业领域的话，不建议。

你们在股票市场上赚到的钱会拿出来投资到其他领域吗？还是说放在账户里继续交易？

陈波：会。其实投资只是一个赚钱的途径和工具，那么赚到钱之后，其实我们也讲究资产的配置，不完全投资于股市，我们也会做整个资产的均衡，比如说投资一些固定资产，投资一些保险，也会有一些比较保守的像定期存款这些，都会有，不是说全部投资于股票市场，我个人还是讲究一个均衡。

那在其他领域上投资的收益更高，还是在股票上面的更高？

陈波：从收益这个角度来说，拉长时间来看的话，肯定是股市收益更高。像保险它不可能有那么高的收益，它只是一个固定的非常低的收益，但是它的作用不一样，为什么讲均衡，其实就是为了能够有不同的作用，像投资固定资产房产这块，中国这块的收益还是蛮高的。对中国人来说，投资房地产应该也是一个比较好的投资方向。

陈旭赚到的钱会投资到其他领域吗?

陈旭：大部分是股票，其他领域也有，比如说一些固定资产，这些都会有一些配置，比如说外汇，美元还是最早就买的，因为美元至少到目前还是货币体系中最有信誉度的，但是主要还是以股票为主。

权益类投资真的一定要拉长，长期绝对是比固定资产投资的收益高很多的，虽然说固定资产尤其像房产这一块也有不少升值，但是整体来说，权益类的升值我觉得长久来看还是比较好的。但是不能把鸡蛋全部放在一个篮子里。

除了管理基金做交易之外，有没有其他的兴趣爱好？

陈旭：比如说运动，自己一个人静静地想想事情，跟朋友一起喝茶，我们是喝茶比较多的人。但是整体来说，我们在打球的时候也会交流股票，在喝茶吃饭时也会交流这个市场。兴趣、工作、生活，应该是相互交融的。

陈波：关于兴趣爱好这块的话，其实我个人更多的还是喜欢运动，因为运动能够使人心情愉悦。除此之外，我希望能够有更多的时间去旅行，当然我们在工作的时候走出去的时间也比较多，基本上每隔一段时间都会去不同地方的上市公司调研，这个也相当于是一次旅行，工作之余去当地的地方走一走。其实对于做投资而言，我们的目标就是能够使自己从投资里面释放身心，让自己不局限于投资这块。因为做一件事情太过于专注的话，可能很多时候不利于思维的打开。很多时候出去走一走或者出去看一看，反而会有一些不同的思路，有利于更好地去发现一些机会。

有没有想过不干这行的话会从事什么职业?

陈旭：也想过。其实我最大的梦想就是早日退休，说实在的，这个行业压力是特别大的，而且不只是来自自己的压力，还有客户。

其实我们这个行业退休反而是一种更好的投资。退休不是说不去看了，只是说你可以更加专心地去思考一些事情。像我现在还是一直在基金里面，可能要做很多事情，要开早会，要带团队，要做行业分析等等，投资不可能是想的那么简单的。虽然投资是越简单越好，但这可能是理想状态。

陈波：其他的职业现在还没有想过，我觉得做投资还是比较快乐的一个事情，虽然不是那么轻松，但是我希望以后能够变得轻松一点，这也是我努力的目标。

延伸阅读

中国顶级交易员访谈丛书，为您解答交易中最重要的问题单

＊专业投资人做正确的行动，而业余投资人不断犯下错误，而且他们并不知道错在哪里。

＊“中国顶级交易员访谈丛书”致力于通过十数年时间，遍访交易高手，汇集成交易经验的饕餮盛宴，以飨读者。访谈对象不以名气论英雄，而看重真材实料。其中有神秘莫测的做市商，有大型金融公司的操盘手，有业绩显赫的私募老总，有名不见经传的民间高手，有独辟蹊径的交易怪才……读者可以在对比阅读中各取所需，提取适合自己性格和经历的交易干货，站在巨人的肩膀上，尽快走向稳定盈利之路。

＊你不用犯下所有的错就可以真正学到正确的交易理念，这些正是这套丛书所要传达的。能够吸取那些最棒的前辈已经用实践证明的洞见，绝对是到达成功交易的最短路径。

延伸阅读

媲美《富爸爸穷爸爸》，教你如何提前退休

➡《财富自由之路：ETF定投的七堂进阶课》

作者：徐华康

*这本书适合那些愿意用二十年时间轻松简单地实现财务自由的人，而不是那些希望在三五年内快速实现财务自由的人

*什么东西一定会上涨？这么多年来，从股票到衍生品，除了纯粹的套利交易确定性较高外，只有指数在过去十几年来是一直向上的

*投资保守的失恋青年小刘，投资激进的过气女主播静静，神秘的客栈老板老徐，因缘际会相遇在大理，三个人，七堂课，在旅行的故事中走向属于自己的财富自由之路

国内第一本小说体期权交易实战指南

➡《我当交易员的日子：期权波动率交易核心策略与技巧》

作者：徐华康、王美超

*国内罕见的“小说体”期权交易实战指南

*浓缩两位操盘无数的期权“老鬼”的期权波动率交易经验，说透期权波动率交易的核心策略与技巧

*经验丰富的一线期权交易员在期权波动率交易中的所思、所想、所感、所悟，真实再现中国股票期权市场诞生以来的机会与风险

延伸阅读

比《华尔街幽灵》更真实，比《海龟交易法则》更有效

➡《交易的真相》

作者：极地之鹰

*毫不吝啬地和盘托出在交易之路上的经验和教训，层层递进地指出交易历程中存在的误区，一层层地剥掉投资领域里随处可见的“皇帝的新衣”，让“交易的真相”水落石出

*9年交易经验的交易员作者在书中完整公开了自己价值千金的交易系统，并经过历时半年的实验证明其有效性

*言简意赅，不啰嗦、不堆砌，通篇干货，思人所不能思，写人所不敢写

知乎作者赛博格Cyborg对交易系统框架、原理及构建的完美阐释

➡《交易的逻辑与艺术》

作者：陈侃迪

*作者将自己近年来在交易之路上的经验总结毫不吝啬地与读者分享，书中关于交易系统的四种情形和临界点、交易中不可能三角的描述分析，是国内难得的关于交易系统底层逻辑的原创思考

*只要在市场交易，你的交易系统就和市场状况、基本假设及仓位资金管理脱离不了关系，本书给了我们交易人最深刻的心灵深处的问题的解答

延伸阅读

"龙头战法"体系大厦的"四梁八柱"尽在此书

➡《情绪流龙头战法》

作者：杨　楠

*本书是关于龙头战法最为系统的书籍，虽然主要讲述的是龙头战法，但其中阐述的原理、思想以及相关知识，完全适用其他一切盈利模式。本书主要有三大部分，分别是《股市之我见》《情绪流龙头战法》和《股市天经》，涵盖了学习龙头战法绕不过去的"道"和"术"，是一本系统揭示龙头战法交易精髓的教材式书籍。

*股票大作手杰西·利弗莫尔："追随领头羊，集中精力研究当日行情里表现突出的那些股票。如果你不能从龙头股上赢得利润，那么你就不能从整个市场赢得利润。"

全球正在流行的专业金融交易系统

➡《一目均衡表》

作者：黄怡中

*全世界技术分析的鼻祖，备受欧美专业操盘人推荐，让你一眼看清趋势。

*以逻辑化、系统化视野，见人所未见，知人所未知，及时感知价格波动的平衡破坏与趋势性。

延伸阅读

➡《乌合之众：大众心理研究》

“《乌合之众》是一本可怕的书，他将社会大众的心理阴暗面毫不掩饰地暴露在阳光之下，别有用心的人甚至可以利用群体的种种心理弱点作为其权力与财富的抓手。”

——“金融大鳄”索罗斯

➡《大癫狂：非同寻常的大众幻想与群众性癫狂》

“数学不能控制金融市场，而心理因素才是控制市场的关键。更确切地说，只有掌握住群众的本能才能控制市场，即必须了解群众将在何时以何种方式聚在某一种股票货币或商品周围，投资者才有成功的可能。”

——“金融大鳄”索罗斯

“只要如此愚蠢的行为能够继续存在下去，那么一个真正理性的投资者始终有望利用大众的疯狂为自己谋利。具有常识的个体很容易觉察到集体的疯狂，个体将会借此获取巨额的利润。”

——查尔斯·麦基